Han & Eva

ClusterEffect / Erya Media.

Eerste druk september 2012.

© Han Peeters en Eva Krap

Coverontwerp: Use Creative Communication,
Hendrik Ido Ambacht.

ISBN boek: 978-94-6217-000-1
ISBN e-boek: 978-94-6217-001-8

Met speciale dank aan:
Josée Peeters, Ina de Zwart, Marja de Zeeuw en Pieter Depraet.

Han Peeters en Eva Krap

Han & Eva

Voorwoord

Han Peeters (52) en Eva Krap (30) leren elkaar via het internet kennen door hun gezamenlijke passie: schrijven en uitgeven. Al snel ontstaat er een samenwerking, onderhouden ze zakelijke contacten en schrijven ze elkaar steeds vaker over hun privéleven.

Dat verandert op de dag dat Eva een blog van Han leest, waarin hij beschrijft een slepende rechtszaak te hebben gewonnen van de Opta die hem een boete van 240.000 euro had opgelegd, vanwege zijn vermeende betrokkenheid bij het versturen van vierenhalf miljoen spamberichten. Ze wist al dat hij een zware periode achter de rug had. In 1986 begon hij als zelfstandig ondernemer met een callcenter. Een bedrijf dat hij tweeëntwintig jaar succesvol runde. Maar opeens glipte alles als los zand door zijn vingers, waardoor hij financieel in korte tijd aan de rand van de afgrond bungelde. Niets lukte meer. Tegenslagen als faillissement, imagoschade, echtscheiding, werkloosheid, geen inkomen, geen adres en een onbereikbare liefde werden hem te veel en hij besloot een eind aan zijn leven te maken. Hij schreef een afscheidsbrief, maar kwam er niet uit, want er was nog zoveel te vertellen. Met de dood op zijn hielen schreef hij *Afscheidsboek*. Een boek dat zijn leven heeft gered. Sindsdien is hij schrijver.

Eva stuurt Han een e-mail, waarin ze hem feliciteert met zijn gewonnen rechtszaak in hoger beroep. Dat ze blij is dat hij heeft kunnen aantonen dat hij er niet schuldig aan was, maar daardoor helaas wel alles is kwijtgeraakt. Ze schrijft hem dat ze tot nu toe ook een bizar leven heeft. Ondanks haar nog jonge leeftijd, heeft ze alle fases van het leven al doorlopen. Na haar middelbare school ging ze studeren en verhuisde naar een studentenhuis. Daarna werkte ze en op haar eenentwintigste was ze getrouwd en zwanger om vervolgens op haar vierentwintigste weer te scheiden. In diezelfde periode werd ze ziek. Zoals ze zelf zegt: 'dan hebben we dat alvast maar allemaal gehad, kunnen we nu tenminste zonder druk op de ketel echt genieten van het leven'.

Han besluit Eva uit te dagen en stelt voor dat ze elkaar steeds een verhaal sturen over krankzinnige voorvallen uit hun leven, waarvoor de ander een schoolcijfer geeft.

De avond van het eerste telefoongesprek met Eva Krap staat mij nog glashelder voor de geest. Ik had deelgenomen aan een schrijfwedstrijd die ze had uitgeschreven onder de noemer *Auteurs with Talent*. Ik had een nog onbewerkt fragment gekozen uit een boek in voorbereiding en diende dat als zelfstandig verhaal in.

Het werd doorzien door de jury en in de beoordeling stond dat het erop leek dat het uit een boek kwam, vanwege een paar losse eindjes, die er natuurlijk inzaten. Het werd gemiddeld beoordeeld met een 7,8. Ik was verguld met het commentaar van een van de juryleden: 'Fijne en zeer aparte, onderscheidende schrijfstijl. Voelbaar ook. Beeldend: ik kan alles goed voor me zien. Het is mij duidelijk dat deze auteur niet voor het eerst een verhaal schrijft'.

Niet slecht dus voor een tekst die nog in de steigers stond. Toen ik reageerde op mijn beoordeling en op haar website uit de doeken deed hoe mijn tekst tot stand was gekomen, belde Eva mij die avond rond 23.00 uur op.

'Hoi Han, nogmaals bedankt voor jouw inzending. De kwaliteit was me al opgevallen in de voorselectie. Mag ik je vragen of je geïnteresseerd bent dat ik jouw uitgever word?'

Op zich de droom van elke schrijver - die maar niet aan de bak komt - maar omdat ik mijn eigen uitgever ben, was ik wel op zoek naar onderscheidend vermogen.

'Ik ben zeer vereerd Eva, maar wat kun jij voor mij doen dat ik niet zelf kan?' Ze noemde een aantal mogelijkheden, die ik al had benut. Omdat we gelijkwaardig aan elkaar bleken, draaide ik het gesprek om, want ik bestierde een clusteruitgeverij.

'Ik stel voor dat je klant wordt bij de clusteruitgeverij. Dan regel ik het gedoe voor je met het Centraal Boekhuis tegen zeer gunstige voorwaarden en tarieven. Daar heb je dan geen omkijken meer naar en je benut de optimale verkoopmogelijkheden voor boeken en e-boeken. Ik geloof in jouw uitgeverij en de concepten die je in de markt zet. Het is nog wat pril, maar ik zie goede vooruitzichten. Mag

ik je een voorstel doen voor aansluiting, op basis van *no cure, no pay?'*
  'Oké, stel maar voor.'

In de volgende communicatie per e-mail verraste ze me door steeds zeer alert en *to-the-point* te reageren, ook ver buiten kantooruren. De deal was snel rond en in *no time* bracht ze zeventien boeken en e-boeken bij mij onder. Er werd niets aan verdiend, en ik zag het meer als een investering in een vrouw die van wanten wist. Dat zou ooit nog wel goed komen. We brachten in coproductie de verhalenbundel *Zwoele Zomerverhalen* uit, waarvoor ik met haar de shortlist samenstelde. Zakelijk gezien voelden we ons als visionairs verbonden. Een opmerkelijke vrouw, vast een steenbok dacht ik nog.

We kregen steeds meer zakelijk contact en mijn belangstelling voor haar groeide met de dag. We lieten aan elkaar ook privé-aangelegenheden los. Volstrekt onschuldig overigens. Over haar kind en mijn kinderen. Over luiers en zwemles bijvoorbeeld. Zo kwam ik erachter dat ze pas dertig was, gescheiden en een alleenstaande moeder.

Ik vond slechts één footootje van haar op het internet. In levende lijve had ik haar niet ontmoet en ze hield ver van mij vandaan haar kantoor. Voor mij als bijstandsgerechtigde stond haar bezoeken gelijk aan vier dagen niet eten. Kosten die ik me dus niet kon veroorloven, al was toen al wel duidelijk dat mijn benarde financiële positie op niet al te lange termijn een positieve wending zou krijgen.

Eva kroop langzaam in mij. Niet dat ze daar aanleiding toe gaf. Het lag volledig aan mij. Ik heb een zwak voor sterke vrouwen en deze was een wel heel bijzondere.

'Niet doen, Han!' bonkte het in mijn hoofd. Ik wist dat mijn geschrijf erotiseerde. Daarmee had ik mijn eerste jeugdliefde na ruim dertig jaar het hoofd volledig op hol gebracht en beschreven in mijn eerste boek. Zoiets kon ook op een teleurstelling uitlopen. Toch zond ik Eva op 12 juli 2010 met een trillende wijsvinger op mijn muis het volgende bericht, nadat zij mij een mail stuurde waarin ze mij feliciteerde met mijn gewonnen rechtszaak:

Hoi Eva,

Laten we een onderlinge schrijfwedstrijd houden wie het meest vreemde leven heeft gehad. En elkaar daar een schoolcijfer voor geven. Ik zal openen:
    In 1987 was ik een van de eerste sekslijnexploitanten.
    Wat geef je ervoor?

Groetjes, Han.

Zo, de toon was gezet. Het kon haar afschrikken, maar ook stimuleren om op het onderwerp voort te gaan. Dat ik in die twaalf jaar (1988-1999) bakken geld aan die sekslijnen had verdiend, was niet echt een openbaring en in directe kring en bij lezers van mijn eerste boek bekend. Ik was benieuwd wat voor effect het op haar had.

Tot drie keer toe lees ik de e-mail van Han. Nee, ik heb me niet vergist, het staat er echt. Ik krijg flashbacks naar de jongens uit mijn basisschoolklas die stiekem naar deze lijnen belden omdat ze het maar wat spannend vonden. Hoe jong ik toen ook was, ik moest meteen aan de vrouwen denken.
    Wie kiest er vrijwillig voor om mannen te vermaken door schunnige dingen te zeggen? En wie richt er in vredesnaam zo'n lijn op? Nou ja, Han dus.

Ik werk al maanden met hem samen, maar dit had ik nooit achter hem gezocht. Zou hij stiekem zo'n 'vies mannetje' zijn, dat geen genoeg kan krijgen van porno en aanverwante zaken? Het soort man dat de alarmbellen van mijn principes keihard laat rinkelen? Ik mag toch hopen van niet.

Later snapte ik trouwens dat veel van deze vrouwen in geldnood verkeerden en daarom besloten om dit te doen. Het levert nu eenmaal veel geld op en soms kan dat net de laatste wanhopige daad zijn om uit de schulden te komen.

Geheel naïef ben ik natuurlijk niet. Er zullen gerust vrouwen zijn die het spannend vinden en daarom kiezen voor dit werk. Of vrouwen die graag een extraatje verdienen en er totaal geen problemen mee hebben. Maar mijn werk zou het niet zijn. Ik ben daar veel te preuts voor en zie seks en alles wat daarmee samenhangt als een daad van liefde. Zelfs de sporadische one-night-stands die ik heb gehad kwamen voort uit liefde. Of dan toch op zijn minst een lichte verliefdheid.

De uitdaging die Han voorstelt zie ik wel zitten. Ik heb nu eenmaal een bizar leven en zou best van hem kunnen winnen. Al kan ik hier natuurlijk niet tegenop. Wat moet ik nou toch antwoorden? Welk voorval komt in de buurt van deze ontboezeming? Ineens weet ik het en ik begin te typen.

'Hoi Han,

Leuk, doen we! Ik geef hiervoor een 8, hilarische wedstrijd kan dit worden! Wel een gouden business overigens, zo'n lijn.

Ik vertel nooit over mijn seksleven aan vriendinnen, althans, nooit in detail. Tot die ene keer... Ik had een one-night-stand gehad met een jongen en hij speelde mee in een toneelstuk waar ik op een avond naar ging kijken.

10

Tijdens de pauze wilden mijn vriendinnen alles weten over dé nacht en voor die ene keer besloot ik tot in detail, en dan bedoel ik ook echt in detail, alles te vertellen. Er zat maar één man in de kantine en die kende ik verder niet, dus dat kon best.

Nadat ik mijn verhaal had gedaan, en mijn vriendinnen aan mijn lippen hadden gehangen, stond de man op en liep naar me toe.

'Bedankt. Je hebt me erg trots gemaakt op mijn zoon. Je weet wel, Henry, over wie je net zo uitgebreid hebt gesproken.'

Verbijsterd keek ik de man na, zag hem naar zijn zoon, en dus mijn one-night-stand, lopen en hem een klop op zijn schouder geven. Ik heb de tweede helft van het toneelstuk met het schaamrood op mijn kaken uitgezeten.'

Aha, ik heb een goed spoor te pakken. Ze meldt openhartig over seks. Mijn aanzet blijkt dus te werken. Even op doorborduren.

'Hoi Eva,

Jee joh, wat een verhaal. Een dikke 8.

Een medewerkster van mijn callcenter was verliefd op mijn vrouw. Mijn vrouw en ik runden samen het bedrijf. Ik vond het prima dat er tussen haar en de medewerkster behoorlijk werd geflirt, want ik ben een vrijdenker en wist dat mijn vrouw het allemaal niet zo serieus nam. Ze was wel in voor een experiment waarover we met elkaar flink fantaseerden.

'Han, wat zou je denken van een triootje?' vroeg ze me. Tja, de fantasie van veel mannen, dus ook die van mij.

Het was op een stralende voorjaarsdag. Ik zal het nooit vergeten. Mijn vrouw en de medewerkster piepten ertussenuit voor de lunch. Na ongeveer een uur belde ze me.

11

'Han, ik heb het met haar voor elkaar, kun je zo spoedig mogelijk naar Van der Valk in Gilze komen? We hebben een hotelkamer geboekt.'

Dat liet ik me niet nog eens zeggen, dus spurtte ik naar mijn auto en scheurde weg.

Halverwege belde mijn vrouw opnieuw:

'Lieve schat, weet je welke datum het is vandaag?'

Shit: 1 april!De dames rolden huilend van het lachen over het terras.'

♂ Kijken wat het doet.

♀ Toegegeven, dat was een goede grap van zijn vrouw en de medewerkster. Stiekem heb ik tijdens zijn verhaal een glimlach niet kunnen onderdrukken.

Wat weet ik nu van Han? Hij houdt blijkbaar erg van seks. En een sekslijn én dol op trio's. Zo leer je de mensen met wie je samenwerkt nog eens kennen… Mijn beeld van 'vies mannetje' begint ongewild steeds meer vorm te krijgen.

Het zou me overigens niets verbazen als dat trio er ook daadwerkelijk van gekomen is. Iets in zijn verhaal vertelt mij dat de dames dit niet zomaar hebben bekonkeld.

Ik twijfel wat ik nu moet doen. Een geheel ander verhaal dat niet over seks gaat of toch verder borduren op dit onderwerp?

Ach, weet je wat, ik schrijf nog een anekdote op dit gebied en dan stuur ik Han in een andere richting. Ik moet immers nog een tijdje met hem samenwerken en ik heb nu al moeite om bij elk mailtje van zijn kant niet te denken aan zijn ontboezemingen.

'Hoi Han,

Dat is absoluut een 9 waard, vooral omdat ik het een geweldige stunt van de vrouwen vind en al helemaal voor me zie hoe je halsoverkop vertrok van je werk.

Om meteen maar met de deur in huis te vallen: ik vind condooms maar ondingen. Het is een onaangename onderbreking en ook al kun je het op een speelse manier in de liefdesdaad verwerken, het blijft een moment waarop je tijdelijk moet stoppen.

Het vervelende is alleen dat je ze wel moet gebruiken als je geen rare ziektes wilt oplopen waarmee je met het schaamrood op je kaken bij de huisarts aanklopt.

Over schaamrood gesproken, ik heb een wat gênante ervaring gehad die niets met huisartsen en ziektes te maken heeft.

Na een paar maanden in stilte mijn buurjongen bewonderd te hebben kwamen we erachter dat we elkaar interessant vonden. Tijdens het uitgaan kwamen we elkaar veelvuldig tegen en al snel ontstond de nooit uitgesproken afspraak om samen naar huis te gaan. De eerste paar keren liepen we ieder keurig ons eigen huis binnen, tot we op een keer besloten om tijdens de terugrit op een bankje in het park even na te genieten van onze avond uit. In de kroeg wisselden we nooit een woord met elkaar en tijdens deze momenten spraken we in geuren en kleuren over wat wij die avond hadden meegemaakt. Terwijl ik nog druk aan het praten was, drukte hij ineens zijn lippen op de mijne. Ik was in de zevende hemel en zoende hem terug. Deze avond liepen wij samen mijn huis binnen.

De volgende ochtend begon al goed.

'Michel gaat wel flink tekeer,' zei mijn moeder met een veelbetekenende blik.

13

Ik schaamde me toch wel enigszins dat mijn moeder blijkbaar mee had kunnen genieten van ons liefdesspel, maar wilde me ook niet laten kennen.

'Jazeker,' antwoordde ik.

Iets beters kwam op dat moment niet in me op en om er nou uitgebreid over na te praten ging me ook te ver.

Nadat ik Michel de deur had uitgewerkt, ging ik naar mijn kamer. Terwijl ik daar zat, besefte ik ineens dat ik geen idee had waar het condoom gebleven was. Verwoed zocht ik mij hele kamer af, maar nergens was het rubberen ding te bekennen. De angst bekroop me dat Michel het ding als een souvenir mee naar huis had genomen. Zo erg zou hij toch niet zijn?

Diezelfde avond vond ik dat mijn kamer een schoonmaakbeurt nodig had. Al zingend verschoonde ik mijn bed, haalde een stofdoek over de meubels en als laatste was de vloer aan de beurt. Nadat ik de stofzuiger twee trappen had opgesleept - mijn kamer bevond zich namelijk op de zolder - gaf ik een prima imitatie van Freddy Mercury weg. Ik blèrde 'I want to break free' en zoog elk stofje op de vloer weg, tot de stofzuiger ineens een raar geluid maakte en elke vorm van zuigen weigerde. Vloekend haalde ik het gevaarte uit elkaar, maar ik kon niets vinden wat de slang verstopte.

Ik heb uiteindelijk werkelijk alles geprobeerd; van stokken erin duwen tot slaan met de slang op voorwerpen, maar niets baatte. Er zat niets anders op dan mijn moeders hulp in te schakelen om hem weer aan de praat te krijgen.

'Mam, ik heb een klein probleempje. Ik was aan het zuigen en ineens kwam er geen geluid meer uit hem. Weet jij misschien wat er mis is?'

Na een flinke zucht bekeek mijn moeder hem van top tot teen en begon aan zijn slang te trekken. Na veel getrek en gedoe slaakte ze ineens een harde gil.

Verbaasd volgde ik haar blik en ik begon hysterisch mee te gillen. Voor ons op de grond lag de slang met aan het uiteinde een stuk rubber met een wit goedje erin.

'Haal het eruit,' gilde mijn moeder.

'Echt niet dat ik dat op ga pakken,' gilde ik terug.

Onze blikken kwamen niet los van het gevaarte voor ons, tot mijn moeder overging tot actie. Met een papiertje pakte ze het condoom met inhoud op en hield het in haar hand alsof het een bom was die ieder moment kon afgaan. Nadat het eindelijk in de prullenbak lag, slaakten we allebei een zucht van verlichting. Dat klusje hadden we maar mooi geklaard, ondanks dat we allebei een droge keel van al het gillen hadden.

Sindsdien zorg ik ervoor dat ik altijd weet waar het condoom zich na de daad bevindt. Het is al gênant genoeg als je moeder je heeft gehoord tijdens de daad, maar om haar nou zo duidelijk met haar dochters seksleven te confronteren is zeker niet nodig.'

'Hoi Eva,

Een 8. Ik kan me niet voorstellen dat moeders en dochters met elkaar over seks willen praten. Dat lijkt me een ongemakkelijke situatie. Ik sprak nooit met mijn vader over seks. Maar ja, van mijn dertiende tot mijn achttiende heb ik hem nauwelijks gesproken mede door de echtscheiding.

O ja, drie dagen later is het er toch van gekomen... dat triootje.

♀ Wat een verrassing... Dat zat er natuurlijk dik in. Ik kan dit trouwens beter hebben dan de sekslijn. Net wat Han zei: dat is de fantasie van zo'n beetje elke man.

Zou hij nu denken dat ik hem heel stoer vind? Andere mannen zouden hem hiervoor een schouderklop geven en een extra rondje

15

betalen omdat hij nu eenmaal 'de man' is. Maar ik ben een vrouw en in mijn achting stijgen mannen niet als ze dit voor elkaar hebben gekregen.

Het wordt tijd om over te gaan op een ander onderwerp. Verschillende situaties uit mijn leven spoken door mijn hoofd. Wat ik ook schrijf, het moet iets totaal anders zijn zodat we van de luchtige seksverhalen af zijn.

'Hoi Han,

Een 7. Deze zag ik aankomen. Ik had namelijk al het vermoeden dat de dames je aan het uittesten waren om te zien wat je zou doen en bezig waren de spanning op te voeren.
    Een terugkerend fenomeen in mijn leven is toch wel dat als ik ergens ben geweest ik de zin 'dit is nog nooit eerder gebeurd' vaak te horen krijg. Deze woorden worden in meerdere strekkingen uitgesproken, maar het komt altijd op hetzelfde neer. Zoals ik de dingen doe, doen mensen het mij niet snel na.

Zo kreeg op mijn vijfentwintigste gordelroos - iets wat normaal alleen voor bejaarde mensen is weggelegd - en toen ik bij de dokter mijn shirt uittrok was zijn eerste reactie: 'op deze manier heb ik het nooit eerder gezien'. De zin is dus een ware nachtmerrie geworden en het gaat verder dan alleen deze situatie.

Een aantal jaren geleden had ik een nieuwe hobby ontdekt. Het heet toyvoyagers en ik hoor je al denken: uh, wat? Ik wil het je best uitleggen als je belooft niet te lachen.
    Toyvoyagers zijn knuffels die je de wereld rondstuurt. Het mooiste moet echter nog komen. Jouw knuffel maakt de grootste avonturen mee en die krijg je te zien op een site op internet. Als je

me niet gelooft moet je hier maar even kijken:
www.toyvoyagers.com

Je snapt dat ik me enigszins schaam om te moeten bekennen dat dit op mijn zesentwintigste mijn hobby was. Een aspect van dit 'voyagen' is namelijk ook dat jij knuffels van over de hele wereld jouw woonplaats laat zien, foto's ervan maakt en die op de site zet.

De eerste paar keren heb ik dit vol schaamte gedaan. Vooral in openbare gelegenheden is een foto van een knuffel nemen niet bepaald aan te raden. Mensen kijken je aan en verwachten dat elk moment je begeleider tevoorschijn kan komen. Over deze schaamte had ik me echter al snel heen gezet door te bedenken dat ergens op deze aardbol iemand heel blij was met mijn foto's.

Op een dag kwam Marcello via de post mijn huis verblijden. Marcello was een afzichtelijke gele muis waarmee ik liever niet dood gevonden wilde worden, maar alles voor het goede doel, nietwaar? Ik besloot dat Marcello er maar eens met mij op uit moest. Gewapend met een fototoestel en de afzichtelijke gele muis ging ik naar een dierenplaats hier in de buurt.

Hij kwam uit Australië en bij deze dierenspeelplaats waren emoes te vinden. Het leek me toch wel zo ontzettend geinig om Marcello met zo'n koddig diertje op de foto te zetten.

Toen ik er zeker van was dat zo weinig mogelijk mensen konden zien waar ik mee bezig was, haalde ik Marcello en mijn fototoestel uit mijn tas. Ik bracht Marcello in positie om hem op de foto te zetten met de emoe. Tot mijn grote vreugde werkte het afvallige struisvogeltje perfect mee. Hij keek recht in de lens evenals Marcello. Ik voelde aan mijn water dat dit een prachtfoto zou worden.

Op het moment dat ik op het knopje wilde drukken om de foto te nemen, voelde ik plotseling wat prikken tegen mijn hand. Het schermpje van mijn fototoestel liet mij een ware nachtmerrie zien, want ik zag ineens het hoofd van de emoe erg groot in beeld. Voor ik wist wat er gebeurde pakte het immens enge dier Marcello uit mijn hand.

Ik heb nog geprobeerd Marcello te redden, maar het mocht niet baten. De emoe slokte Marcello in een paar happen op. Het spijt me echt, afzichtelijke gele muis, dat ik je heb laten sterven.

Die avond werd op de site mijn verhaal vol leedvermaak onthaald. Dit hadden ze nog nooit meegemaakt.'

'Hoi Eva,

Tja, je bent een vrouw, dus je begrijpt dat beter. Goed van je dus dat je het zag aankomen, maar tuutuut. Echt een leuk verhaal van Marcello. Een 8. Het doet me denken aan de voorzitter van het Tuinkabouterbevrijdingsfront die in mijn callcenter werkte. Google er maar even op. Hilarisch! Ze stelen tuinkabouters, nemen die mee op vakantie en maken foto's van de kleine alverman bij bezienswaardigheden. Die foto's sturen ze dan als ansichtkaart op naar de eigenaar, waarop tevens een koffertje is te zien. Het onderschrift luidt: 'Groetjes uit ...,' en daarnaast vermelden ze de warmtegraad en dat hij het reuze naar zijn zin heeft.

Ik heb ook een knuffelverhaal:

Mijn vader had een judoschool in Zierikzee op zaterdagen. Mijn moeder en ik gingen vaak met hem mee zodat zij daar boodschappen kon doen.

Zierikzee had in mijn vierde levensjaar nog geen vaste verbinding met Tholen. Het verkeer bediende zich van de pontverbinding tussen Anna Jacobapolder en Zijpe.

Als altijd had ik die dag mijn zwaar beduimelde, pluchen beer bij me. Een oogje eruit en een oor nog aan een draadje.

18

Aan boord vroeg mijn moeder of mijn vader - dat weet ik niet meer precies - mij aan de zeereling wat ik er van vond als we beertje leerden zwemmen. Ik had daar geen probleem mee. Ik was wel voorstander van de zelfredzaamheid van beren. Na een onheilsboog zag ik mijn lieve beer afdrijven in het kolkende schroefwater. Wat een verschrikking, en mijn ouders hebben het zichzelf nooit vergeven. Op die dag werd mijn jeugd vermoord.

Dertig jaar later zeilde ik vaak ter hoogte van het incident, en dan vertelde ik dit verhaal steeds aan mijn gasten, alsof ik daar nog dagelijks last van had. Aan bak- en stuurboord werden dan de oevers afgespeurd naar sporen van beertje. Er kwamen zelfs verrekijkers aan te pas. Deels om tranen te verhullen.

♂ Jammer dat we van seks zijn afgeraakt, maar ik moet het er ook niet te dik op gaan leggen.

♀ Arme Han. Het verlies van een geliefde teddybeer kan immens groot zijn, vooral voor een kind. Ik moet hierdoor denken aan een verlies dat ik geleden heb, maar dan niet van een teddybeer.

'Hoi Han,

Ook ik heb ooit een verlies geleden en daar wil ik je over vertellen in het onderstaande verhaal.

Ik kom er deze dagen al snel achter dat leven en dood dicht bij elkaar liggen. Ik ben zwanger en mijn vader ligt op sterven.
Op een dag ben ik bij mijn vader op bezoek om hem de foto's van de echo te laten zien die ik de dag ervoor heb gehad.

Zodra ik zijn kamer betreed, zie ik dat het niet goed met hem gaat. Hij ademt oppervlakkig en kan nauwelijks praten, alsof hij het opgegeven heeft.

Gisteren is de huisarts langs geweest om euthanasie te bespreken. Gewoon voor het geval dat het echt niet meer gaat en de pijn te ondraaglijk wordt. Hij heeft kanker in zijn longen, lymfen en botten.

Terwijl ik naast zijn bed sta, probeert hij iets tegen me te zeggen. Ik begrijp hem niet en ik voel een lichte paniek. Het is nooit eerder voorgekomen dat ik bang ben voor mijn eigen vader, hij was mijn voorbeeld, een sterke man die overal een oplossing voor wist. Ineens ben ik op mezelf aangewezen.

Het doet me immens veel pijn dat ik niet meer kan communiceren met de man van wie ik het meeste houd..

Het klinkt hard, maar ik ben opgelucht als mijn tante binnenkomt en ik niet meer alleen met mijn vader zit.

Mijn vader wordt namelijk met de seconde bozer omdat ik hem niet snap, alhoewel ik daar alles voor over zou hebben, maar het lukt niet.

Mijn tante doet een poging, maar ook zij geeft het al snel op. Als ik haar kant op kijk, zie ik dezelfde blik in haar ogen. Ook zij heeft het moeilijk met deze situatie.

Er breken minuten aan waarin we vruchteloos proberen te begrijpen wat hij wil zeggen, maar dan maakt mijn vader een gebaar dat we wel snappen. Hij brengt zijn vingers naar zijn mond en doet alsof hij rookt. Heel even denken we dat hij wil roken, maar hij maakt al snel duidelijk dat we zelf degenen moeten zijn die deze destructieve eigenschap gaan naleven. In koor zeggen mijn tante en ik dat we gewoon bij hem blijven tot zijn vrouw en mijn andere tante terugkomen, die net even iets zijn gaan eten in het restaurant van het ziekenhuis, maar mijn vader denkt daar anders over. Met een soort woeste blik in zijn ogen brengt hij wederom zijn vingers naar zijn mond. Hij wil duidelijk alleen zijn.

Vlak voor we gaan – we zijn namelijk al opgestaan – puur om gehoor te geven aan zijn wens, kan ik het niet meer voor me houden en ik barst dan ook los in een soort tirade.

'Voor ik ga, wil ik je graag vertellen dat je opa wordt van een kleinzoon. Het is een jongen,' roep ik, vechtend tegen de tranen.

Mijn vader weet het ook niet droog te houden. De tranen lopen over zijn wangen en ik moet moeite doen om de mijne, die in mijn ogen branden, tegen te houden.

Het is een mooi moment van ons samen, daarom wil ik niet dat hij mijn verdriet ziet. Mijn vader is iemand die zich altijd dé man voelde en als ik nu laat zien hoe zwak hij eigenlijk is, dan weet ik niet of hij dat waardeert. Het is niet voor niets dat hij net zo boos werd.

Toch voelt dit moment als een afscheid, daarom blijf ik een paar minuten naast mijn vader staan, hand in hand.

Opeens verbreekt mijn vader de magie. Hij maakt zijn hand los uit de mijne en herhaalt zijn rookgebaar.

Samen met mijn tante loop ik naar de lift.

'Ik zou willen dat het voorbij was,' bekent mijn tante.

'Ik ook. Het is het beste voor hem als hij gaat. Dit is geen leven meer,' zeg ik terug.

Hoeveel je ook van iemand houdt, en hoe graag je ook wilt dat iemand in je leven blijft, op deze manier zou dat egoïstisch zijn. In stilzwijgen lopen we naar het restaurant.

Mijn andere tante en de vrouw van mijn vader zijn verbaasd als ze ons zien. We leggen uit wat er gebeurd is.

'Het komt toch wel goed met hem? Dit is gewoon een terugval. Hij komt er weer bovenop,' zegt zijn vrouw ineens na een langdurig stilzwijgen.

Ze gelooft nog steeds dat het allemaal wel meevalt. Ik zeg niets, ik kan het niet.

'Ik denk niet dat het nog lang duurt,' zegt mijn tante, de woorden uitsprekend die in mijn keel zijn bleven steken.

Zo blijven we nog een tijdje zwijgend zitten. Wat moet je zeggen in een situatie als deze? Geen enkel woord lijkt passend.

Uiteindelijk staan mijn tante en zijn vrouw op om terug te gaan naar de kamer die we allen vrezen. Ook ik loop terug naar boven en zie dat er nog meer familieleden zijn gekomen. Iedereen voelt het, het einde nadert. Om de beurt nemen vrienden en familie afscheid van mijn vader, de overige dierbaren wachten in de huiskamer van de afdeling oncologie.

Tussendoor probeert iedereen een gesprek gaande te houden, wat moeilijk lukt, tot iemand lucht heeft gekregen van het feit dat ik de foto's van de echo in mijn tas heb zitten.

Ondanks al het verdriet geeft dit iedereen weer vreugde. Het voelt behoorlijk dubbel. Ik draag leven in mij, met dezelfde genen als diegene die nu aan het sterven is. Alsof ik een soort deal heb gesloten met een onzichtbare macht: jouw kind mag leven, je vader moet dood. Ik weet dat deze gedachte ver gaat, maar toch ontkom ik niet aan dit idee.

De volgende dag ga ik al vroeg naar mijn vader toe. Het is wat mij betreft een wonder dat hij deze nacht heeft overleefd.

Mijn tante slaapt sinds twee dagen bij hem en zodra ik de ingang van het ziekenhuis nader, zie ik haar staan.

Ze brengt meteen verslag uit: mijn vader is weer bij en kan goed praten.

De bekende opleving bij kanker, bedenk ik.

Je hoort het zo vaak. Iedereen heeft weer even hoop en dan is het ineens over. Uiteraard spreek ik dit niet uit en praat vrolijk met mijn tante mee.

Op het moment dat ik het ziekenhuis betreed, zie ik verscheidene familieleden staan. Zo ook mijn vader, die in het restaurant een shagje aan het roken is.

Ik loop niet meteen naar hem toe, ik wil weten hoe het echt met hem gaat en daarvoor dien ik de mening van de anderen te vragen. Mijn vader heeft namelijk de neiging om alles af te vlakken, terwijl hij zich in werkelijkheid zwaar beroerd voelt.

Ik sta net met mijn oom te praten, als één van mijn tantes ons nadert met een gezicht vol tranen.

'Wat ziet hij er vreselijk uit,' zegt ze al huilend.

Samen troosten we haar.

Dit is nog moeilijker dan alles bij elkaar. Het verdriet van anderen zien. Na mijn tante volgen mijn oma en een paar ooms, en ik heb de rol van troosteres op me genomen. Iedereen heeft het er moeilijk mee, maar ik wil hun verdriet niet zien.

Op het moment dat ik dit bedenk, besef ik ook dat ik mezelf wel wat kan aandoen. Ik vind het makkelijker om hun verdriet onder ogen te komen, dan naar het restaurant te gaan en met mijn vader te praten. Ben ik nou echt zo slecht?

'Wat ik het ergste vind, is dat zijn vrouw er helemaal niet voor hem is. Ze slaapt niet eens bij hem en nu moeten wij dat allemaal opvangen,' hoor ik ineens een oom zeggen op het moment dat ik mezelf de meest waardeloze dochter ooit voel, omdat ik sta te troosten in plaats van er voor mijn vader te zijn.

Stiekem is dit een afleiding, ik hoef even niet over mijn rol in het geheel na te denken.

De laatste dagen viel het me al vaker op dat mijn familie zich kwaad maakt om het feit dat mijn tante bij hem slaapt en niet zijn vrouw.

Ik snap het aan de ene kant heel goed, want ik kan me niet voorstellen dat je op zo'n moment niet bij je partner wilt slapen. Aan de andere kant snap ik háár juist heel goed. Het is al moeilijk genoeg om hem te zien, dus wie weet is dat ene stukje dan te veel voor haar.

Ik besluit wijselijk mijn mond te houden, ik ben zelf net zo erg omdat ik de hal vol treurende familieleden verkies boven een gesprek met hem.

De rest is het duidelijk niet eens met mijn standpunt en al snel is iedereen het erover eens dat dit niet kan.

Ik word kwaad. Mijn vader ligt op sterven en zij houden een roddeluurtje over wie er het meest voor hem klaarstaat. Daar gaat het toch helemaal niet om?

De discussie en familieleden verplaatsen zich van de gang naar buiten en ik volg gedwee. Iedereen praat door elkaar en wil het hoogste woord voeren, maar we vallen allemaal stil als mijn vader en zijn vrouw ook naar buiten komen, op de voet gevolgd door de familieleden die wel de moed hadden zich bij hen te voegen in het restaurant.

Mijn vader kan nog steeds niet goed praten, maar gek is hij niet.

'Ik wil nu weten wat er allemaal gezegd wordt over mijn vrouw,' zegt hij en er valt even een stilte waarin iedereen elkaar verwijtend aankijkt.

Tot mijn verbazing blijft het niet alleen bij roddelen en neemt een oom van mij het woord.

'Wij vinden het niet eerlijk dat ze niet bij je slaapt,' zegt hij terwijl hij zijn vrouw niet durft aan te kijken.

Er ontstaat een hele discussie die ik half volg, verwijten vliegen over en weer.

Er is nog een reden dat ik me erbuiten houd. Ik, zijn dochter, slaap namelijk ook niet bij hem. Dat heeft meerdere redenen. De grootste is wel dat ik het niet aandurf. Ik ben inmiddels op de helft van mijn zwangerschap en kan niet meer zonder hulp mijn bed uitkomen door bekkeninstabiliteit, maar gezien de verwijten denk ik dat ze dat eerder als een smoes zullen zien.

En dat blijkt even later ook. Er wordt besloten een rooster te maken wie welke nacht bij hem slaapt. Iedereen noemt wel een dag, behalve ik en als er een stilte valt kijkt mijn vader me aan.

'Wanneer kan jij?' vraagt hij.

Dit is het moment waar ik zo vreselijk tegenop zie. Ik voel me voor het blok gezet en vreselijk schuldig, maar ik red het echt niet. Ik word zelf elke ochtend uit bed geholpen.

Stel dat er iets gebeurt en ik naast hem slaap. Moet ik dan gillen om hulp? Roepen dat er nu toch echt een zuster moet komen en alle andere patiënten, van wie een groot deel op sterven ligt, wakker maken omdat ik niet op een knopje kan drukken boven het bed van mijn vader, puur omdat ik niet zelfstandig uit mijn bed kan komen?

En wat als zijn adem ineens stokt? Moet ik dan machteloos toezien hoe dit gebeurt, terwijl ik daar maar lig, kijkend hoe mijn vader aan het sterven is?

Door de verwijten kan ik deze woorden niet vinden, ze komen niet eens bij me op, zo verbijsterd ben ik dat mensen die allemaal om hem geven elkaar het licht nu niet in de ogen gunnen.

'Ik kan niet zonder hulp mijn bed uitkomen, dus het lijkt me niet handig als ik er dan voor je moet zijn,' mompel ik, hopende dat dit mijn voorgaande gedachten verwoordt.

Verwijtende gezichten kijken mijn kant op, maar gelukkig wordt de stilte doorbroken door iemand die zegt dat we altijd over een week opnieuw een rooster kunnen maken aangezien dat van deze week vol zit. Terwijl ze dit zegt, geeft ze me een knipoog. Dank de hemel, een menselijk iemand. Opgelucht kan ik weer ademen.

Toch blijf ik mezelf een waardeloze dochter vinden.

Even later zit ik met mijn vader in het restaurant als hij me vraagt of het klopt dat iedereen gisteren afscheid van hem genomen heeft. Hij weet er namelijk niets meer van. Ik beaam het en verbaas mezelf erover hoe open ik met hem kan praten. Ik snap niets meer van mijn eerdere angsten en besluit hem de gehele waarheid te vertellen. Hoe we daar allemaal zaten, wachtend op het einde.

Ineens zegt mijn vader iets wat mij verbaast.

'Het enige wat ik nog weet is dat jij me hebt verteld dat je een zoon krijgt. Mijn enige doel is dan ook nog blijven leven tot hij geboren is,' zegt hij.

Ik probeer mezelf een houding te geven en ik vertel hem dat ik zelf niets liever zou willen. Ik voel me overmand door emoties: blijdschap omdat juist dit hetgene is wat hij nog weet en verdriet om alles wat er nu gaande is.

Om zowel mezelf als hem af te leiden vraag ik of hij de foto's van de echo wil zien. Hij knikt en samen bekijken we de plaatjes. Ik leg bij elke echofoto uit wat hij precies ziet tot we bij de foto komen waarop duidelijk te zien is dat het een jongen is.

'Zo! Die heeft een wel hele grote,' roept hij verwonderd uit.

Het valt dus niet alleen mij op en ik geniet van dit moment, hoe verdrietig ik me ook voel. Nadat we alles bekeken hebben, ziet mijn vader er zichtbaar vermoeid uit en hij vraagt of ik hem naar zijn kamer terug wil brengen.

De rest van de dag breng ik door met het troosten van familieleden. Als ik later mijn vaders kamer binnenstap om te vertellen dat ik naar huis ga, besluit ik een vraag te stellen die ik al tijden voor me houd.

'Pap, wat wil je zelf het liefste?' vraag ik.

'Ik wil leven.'

'Dat geloof ik, maar wat als het niet beter wordt?'

'Dan wil ik dat het zo snel mogelijk voorbij is,' antwoordt hij.

Het klinkt raar, maar dat zijn de woorden die ik wilde horen. Ik zou er al vrede mee hebben als hij nu zou overlijden, maar met deze wetenschap in mijn achterhoofd zou ik er nog veel meer vrede mee hebben.

Laat hem snel naar huis gaan, bid ik inwendig. En dan bedoel ik niet zijn aardse huis... Ik geef hem een zoen op zijn wang en vertrek naar huis. Het was een emotionele dag, het heeft erin gehakt, op alle fronten.

Om vijf uur 's nachts zorgt de ringtone van mijn telefoon ervoor dat ik rechtop in bed zit.

Wie belt me nou op dit onmogelijke tijdstip, vraag ik me af als het langzaam tot me doordringt. Mijn vader!

'Met Eva,' zeg ik, als ik half slaapdronken opneem.

Ik hoor iemand huilen aan de andere kant van de lijn. Het is de vrouw van mijn vader.

'Je moet nu naar het ziekenhuis komen. Je vader is net overleden.'

Ik roep dat ik er meteen aankom en laat me door Robert, mijn verloofde, uit bed helpen.

Shit, er rijden geen bussen op dit moment. Dan maar fietsen, schiet het door me heen. Nadat ik mijn moeder heb ingelicht, bij wie we in huis wonen om elkaar te steunen tijdens deze situatie, en me heb aangekleed, springen Robert en ik op de fiets.

'Gaat het?' vraagt hij ineens als ik met moeite de pedalen voortbeweeg.

Ja, hoe gaat het eigenlijk? Ik weet het niet. Ik voel niet echt verdriet en het is niet zo dat we het aan zagen komen.

In plaats van woorden spookt er de hele tijd een zin van een liedje van BLØF door mijn hoofd: *het is een mooie dag voor de dood.*

Na een moeizame fietsrit, die we verder in stilzwijgen hebben afgelegd, komen we aan bij het ziekenhuis.

Als we de ingang naderen komt mijn tante op me af en ze omhelst mij.

'Het is heel vredig gegaan. Ik werd wakker van hem toen hij bezig was met zijn morfinepomp. Daarna ging hij weer liggen en voelde ik dat het fout ging, maar hij is rustig ingeslapen,' zegt ze.

Mijn alarmbellen rinkelen hard, goed hard, maar ik houd verder mijn mond. Ik kan me de dag nog heugen dat mijn vader van de verpleging eiste dat ze hem vertelden hoe deze pomp precies werkte.

Voor hij ziek werd, was hij een woordvoerder van justitie; hem iets weigeren was behoorlijk moeilijk, hij had het niet voor niets tot deze functie geschopt...

Om niets van mijn vermoedens te laten blijken, bedank ik mijn tante dat ze me dit vertelt en voor het feit dat ze erbij was toen hij stierf, zodat hij niet alleen was.

Op weg naar zijn kamer komen er condoleances van alle kanten, maar ze gaan grotendeels langs me heen. Het enige wat ik wil is afscheid nemen van vader, de man die mij kende als geen ander. Als ik zijn kamer in wil lopen, kom ik de nachtzuster tegen. Ze vraagt of ik het erg vind als ze nog even snel wat pakt. Ik schud van nee. Ze is ook maar een mens en ze heeft goed voor mijn vader gezorgd. Dan is het moment daar waar ik zo tegenop zie. Ik loop naar binnen en kijk naar mijn vader.

'Dag, lieve papa,' fluister ik, terwijl ik naar een leeg omhulsel staar.

Als ik naast me kijk, zie ik dat de tranen over Robert zijn wangen lopen. Ik bedank de nachtzuster ondertussen voor haar goede zorgen.

Ik kijk nog eens goed, maar heb helemaal niet het gevoel dat ik naar mijn vader kijk. Ik kijk naar een lichaam dat zwaar vermagerd is en zijn gezicht lijkt helemaal niet meer op dat van hem.

'Hij is vredig ingeslapen,' zegt de nachtzuster, terwijl ze een map pakt. 'Hij was een leuke, maar ook een moeilijke patiënt,' bekent ze. Ik lach hardop, want ik weet precies wat ze bedoelt. Mijn vader had er een handje van om tegen alles in te gaan wat de verpleging zei en dat kon ze wel eens tot waanzin drijven.

Toch is dat ook een mooie kant van mijn vader. Stiekem moest ik er altijd om lachen. Ze beaamt mijn gedachten: 'Zelden hebben we een patiënt als hij meegemaakt. Ik zal erbij zijn op de begrafenis.'

Ik kijk nog een laatste keer naar mijn vader en draai me om. Het is goed zo. Hij heeft nu geen pijn meer.

In de wachtkamer zit de hele familie op een soort kluitje. We wachten het moment af dat mijn vader klaargemaakt is om naar het mortuarium gereden te worden.

Blijkbaar valt het een vrouw van een oom op dat ik geen verdriet heb.

'Wat vreselijk voor je. Zwanger en dan je vader verliezen,' zegt ze op een bepaalde toon, alsof ik in een Amerikaanse film de hoofdrol zou kunnen vertolken.

'Het klinkt misschien raar, maar ik heb er vrede mee. Als hij nog langer zo had moeten leven was het helemaal ondraaglijk voor hem geworden,' zeg ik tegen haar, met een ongeduldige toon. Dit is het laatste waar ik zin in heb, iemand die mij vertelt hoe ik me moet voelen.

'Ja maar, het is toch erg dat je kind zonder zijn opa opgroeit en jullie over een maand trouwen en dat terwijl hij er niet bij is,' zegt ze ongelovig.

Ik begin inmiddels het eind van mijn Latijn te bereiken. Natuurlijk is dat heel verdrietig en ik zal ook nooit beweren dat het me niets doet. Mijn eerste gedachte toen mijn vader vertelde dat hij kanker had, was namelijk echt een Amerikaanse gedachte: nu kan mijn vader niet op mijn bruiloft zijn. Maar ik heb die denkbeelden ook weer van me afgezet, omdat het nu eenmaal zo is.

'Ik geloof dat hij er op zijn manier bij is,' vertel ik haar dan ook, in de hoop dat ze mijn visie snapt.

Helaas pakt ze mijn hints niet op en ze praat nog een tijd door over hoe ik me moet voelen als Robert me meeneemt en zegt dat we even naar beneden gaan. Eindelijk rust. Eindelijk geen schuldgevoel meer omdat ik niet diep in tranen ben.

Eindelijk is het zover. Mijn vader is klaar voor vertrek. Alleen Robert en ik, zijn vrouw en een vriendin van haar mogen mee.

Ik waggel als een soort Donald Duck achter het bed aan, met het lichaam van mijn vader als inhoud, en concludeer dat de mensen die een lijk vervoeren een moordtempo hebben. Alsof de dood hen op de hielen zit en het rennen met een lichaam dat geen enkel leven meer bevat hen een soort 'gna, gna, ik ben lekker sneller dan jij, vervelende dood!' gevoel geeft.

Het waggelen gaat al snel over in een raar soort rennen, waardoor ik me helemaal onhandig voel. Voor iemand die niet zelf uit bed kan komen, is dit tempo zo ongeveer gelijk aan een zelfmoordmissie en ik zie beelden voor me hoe mijn lichaam naast dat van mijn vader ligt.

Ik verzoek dan ook of we even wat rustiger kunnen lopen, maar blijkbaar is dat teveel gevraagd.

Compleet buiten adem, en stiekem jaloers op mijn vader die geen enkele inspanning heeft verricht om hier te komen, behalve doodgaan, kom ik aan in de kamer waar hij gewassen en gekleed gaat worden.

Om de beurt nemen we afscheid. Ik zie dat de anderen hem een zoen geven. Ik kan het niet. Ik ben bang voor hoe hij aan zal voelen. Het is mijn vader niet meer, ik zou een koud lijk zoenen en dat staat me enorm tegen.

In plaats daarvan zeg ik hem vaarwel. En dan komen de tranen. Alles komt er ineens uit. Ik huil tot ik niet meer kan en ineens wordt er een vraag gesteld waar ik niet op voorbereid ben.

'Willen jullie helpen hem te wassen en aan te kleden?' klinkt het. Ik moet er niet aan denken en huil nog harder.

Ik kan me op zich voorstellen dat andere mensen dat als een troost zien, net zoals de laatste zoen, maar ik wil dat helemaal niet.

Ik heb mijn vader nog nooit gewassen en aangekleed, dus het lijkt me nu ook niet op zijn plaats.

Ik schud nee en loop weg, me alsnog schuldig voelend dat ik zijn lichaam niet eens een kusje op de wang heb gegeven zoals de anderen. Alsof ik een monster ben, terwijl ik geen vader meer zie in diegene die daar ligt.

Op de gang vraagt de vrouw van mijn vader of ik mee wil gaan naar hun huis om de rouwkaarten te regelen, maar vrijwel direct zegt ze erachteraan dat het niet nodig is dat ik meega en dat ze het zelf wel kan regelen met haar ouders.

Ik besluit dan ook om niet mee te gaan.

Ik wil naar mijn moeder. Daar heb ik nu de meeste behoefte aan, ondanks mijn vaders waarschuwing dat ik zijn vrouw na zijn overlijden vooral niet haar gang moest laten gaan.

De volgende dagen kom ik er al snel achter hoe de verhoudingen nu liggen en dat mijn vader gelijk had. Ik word nergens van op de hoogte gehouden en moet overal zelf achteraan bellen.

Door middel van de rouwkaart weet ik wanneer de condoleance is en de begrafenis, anders had ik zelfs dat niet geweten.

Op de dag van het condoleren belt mijn tante.

'Wil je vanmiddag met ons meerijden als de kist gesloten wordt?' vraagt ze.

Ik wist niet eens dat de kist die dag gesloten zou worden. Het enige wat ik wist was dat je in de afgelopen dagen besloten afscheid kon nemen van mijn vader, maar daarvoor eerst een afspraak moest maken met zijn vrouw. En deze informatie heb ik via een oom verkregen, want voor de rest weigert iedereen mij op de hoogte te houden, terwijl ik mijn vader moet gaan begraven.

Het voelt alsof ik een buitenstaander ben, iemand die mijn vader sporadisch zag en die geen recht van spreken heeft.

Tijdens de condoleance wil zijn vrouw een dichte kist, hoor ik van mijn familie, omdat er bij mijn opa handig gebruik van werd gemaakt om kinderen te laten zien wat de dood is. Zevenjarigen staarden vol afschuw naar zijn lichaam.

Dat heeft ons allemaal zo geïrriteerd dat ik deze keuze volkomen snap en er ook achter sta.

Maar wat ik niet snap is dat ze mij niet eens gebeld heeft met de mededeling dat vandaag de laatste dag voor mij was om mijn bloedeigen vader te zien.

In mijn onschuld vertel ik mijn tante hoe ik van niets weet en ineens is de pleuris echt uitgebroken. Mijn familie was al boos op haar, maar dit is de druppel die de emmer doet overlopen.

Ik besluit niet met ze mee te rijden. Mijn moeder biedt aan Robert en mij naar de condoleanceavond te rijden.

Die middag loop ik voor de laatste keer naar zijn kist. Hij is al dicht, zie ik tot mijn verbazing. Wat me nog meer verbaast is dat er van iedereen van de familie een bloemstuk om de kist heen ligt met hun naam erop. Als ik verhaal ga halen, hoor ik dat de vrouw van mijn vader alle bloemstukken geregeld heeft.

Waarom ontbreekt mijn naam dan? Wat heb ik misdaan? Ik heb haar altijd vertrouwd, ze is een deel van mijn leven geworden en het voelt als een messteek in mijn rug. Was het nou zo'n grote moeite om ook een bloemstuk met mijn naam te regelen?

En dan de gesloten kist. Voor mij hoefde het niet zo nodig om hem nog een laatste keer te zien, maar ik kan me voorstellen dat anderen daar misschien wel behoefte aan gehad zouden hebben. Ik kan niet begrijpen dat iemand die keuze voor anderen maakt.

Vooral voor mijn oma. Het lijkt me niet meer dan logisch dat ze haar oudste zoon nog een laatste keer wilde zien. Ze begraaft verdorie haar kind.

Ik ben niet de enige met vervelende gevoelens. Al snel hangt er een gespannen sfeer in de ruimte als we allemaal plaatsnemen om de mensen af te wachten die ook afscheid willen nemen van mijn vader.

Ik hoor van verschillende kanten gefluister dat ze het schandalig vinden dat zijn vrouw er staat met haar vader, moeder, broer en zijn vriendin. Zij horen er niet bij, klinkt het oordeel. Dit horen we samen te doen.

Zo samen zijn we allang niet meer door alles wat er nu gebeurt. Ik besluit dat maar niet hardop te zeggen. Elk woord zou de situatie nog erger maken.

Langzaamaan druppelen de mensen binnen. Ik zie voornamelijk collega's van mijn vader en een heleboel mensen die ik niet ken. Dan stapt Jochem, mijn beste vriend en eindelijk een bekend gezicht, de zaal in met zijn vriendin. Ik zie hoe moeilijk hij het heeft en schiet daardoor meteen vol.

Onwennig staan we tegenover elkaar als hij mij eindelijk bereikt en hij schudt mijn hand en condoleert me. Het liefst wil ik een geintje maken in de trant van: doe niet zo formeel, ik ben het. Ik houd me in, want dat kan ik niet maken.

Na Jochem volgen er vele mensen. Met sommigen maak ik een praatje en anderen schud ik de hand. Ik wou dat dit voorbij was. Ik word een beetje moe hiervan. Het is lief dat er zoveel mensen gekomen zijn om hun medeleven te betuigen maar het geeft geen steun. Het zit me nog steeds dwars zoals we hier allemaal staan terwijl de onderlinge verhoudingen niet kloppen.

Dan zie ik de ouders van Robert binnenkomen. Zijn vader huilt. Zijn moeder komt op me af en condoleert me. Als ze iedereen heeft gehad komt ze weer naar ons terug en neemt achter ons plaats.

'Wie is wie?' vraagt ze. Ik heb een grote familie, de uitleg duurt wel even maar het leidt me wel af. Mijn vader was de oudste van een gezin met acht kinderen en dan heb je nog de aanhang en de kinderen.

Als het er uiteindelijk op lijkt dat het afgelopen is, zie ik tegenover me mijn oom zwaar in tranen. Ik wil geen tranen meer zien. Ik voel me leeg alsof mijn energie uit me is gezogen. Blij dat het afgelopen is staan we even later allemaal buiten. Het eerste deel zit erop.

Vandaag is de begrafenis. Door mijn zwangerschap heb ik niets zwarts meer dat past, op een zomerjurkje na. Ik besluit dat aan te trekken. Ik voel me onwerkelijk. De afgelopen dagen werden we geleefd en dat helpt je altijd de eerste momenten door. Daar wordt nu een einde aan gemaakt.

Mijn moeder brengt mij en Robert naar het uitvaartcentrum vanwaar we naar de begraafplaats worden gereden in rouwauto's. Ik heb zowaar wel een plaats gekregen in de voorste auto.

Op weg er naartoe hebben we een bandje aan staan als ineens *Within temptation- Our farewell* begint. We zijn alle drie stil en luisteren. Het nummer is zo treffend dat het lijkt alsof het lot het zo bepaald heeft dat we dit nummer op weg ernaartoe horen.

Ik vraag of mijn moeder straks de cd van thuis mee wil nemen.

Het lijkt me namelijk vreselijk moeilijk om een toespraak te houden en dit nummer zegt eigenlijk alles.

Bij het uitvaartcentrum, blijken we de eersten te zijn. Robert en ik besluiten nog even wat te eten te halen in de supermarkt om de hoek. We zeggen weinig tegen elkaar en ik vind dat wel zo prettig. Ik probeer wat te eten van de croissant die ik heb gekocht, maar elke hap voelt als een betonblok die ik moet doorslikken en ik word er misselijk van.

Zo zitten we een tijdje te wachten totdat de eerste familieleden aankomen. Langzaamaan arriveren er steeds meer mensen tot we compleet zijn. Inmiddels is ook de begrafenisondernemer gearriveerd en ik vraag hem of er nog plaats is voor het nummer dat ik wil laten draaien. Hij vraagt aan me wat mijn relatie met betrekking tot de overledene is.

'Ik ben zijn dochter,' zeg ik dan ook.

Hij lijkt verbaasd dat hij dat niet wist en ik kan het de man niet kwalijk nemen. Deze hele begrafenis zit raar in elkaar. Samen bekijken we wanneer mijn nummer het beste gedraaid kan worden en al snel zijn we het eens. Hij vraagt of ik het zelf aan wil kondigen, maar dat wil en kan ik niet.

Ik heb nog wat voor mijn vader meegebracht en vraag hem of hij dat voor mij op de kist, of ernaast wil zetten. Ik heb dan wel geen boeket, maar ik heb wel iets wat veel meer van waarde is. Voor Vaderdag heb ik ooit een kaars voor hem gekocht die alles over hem zegt. En dan bedoel ik de tekst op de kaars.

Mijn vader
Een man om trots op te zijn!
Je bent een harde werker met humor,
een doorzetter die zorgzaam en wijs is,
gewoon een geweldige vent.
Jouw onvoorwaardelijke steun en aandacht
maken dat je goud waard bent!

De beste vader van de hele wereld!

Vooral om de zin 'gewoon een geweldige vent' hebben we de grootste lol gehad. Mijn vader vond zichzelf namelijk een geweldige vent en dat was hij ook. De kaars wordt meegenomen door de begrafenisondernemer, zodat hij hem brandend naast de kist kan zetten.

Dan is het zover. De kist van mijn vader wordt in de rouwauto getild. De vrouw van mijn vader, zijn moeder, jongste zus en ik nemen plaats in de auto erachter. Het is een indrukwekkend geheel. Voor en achter de auto waarin mijn vader ligt lopen mensen van het uitvaartcentrum en zo gaan we stapvoets naar de begraafplaats. Het is raar, maar alle spanning is even weg en we lachen om de dingen die mijn vader allemaal gedaan heeft in zijn leven. Ook vertellen we wat we voor mijn vader geregeld hebben tijdens de dienst en ik zeg dat ik denk dat mijn vader mijn muziekkeuze *teringherrie* genoemd zou hebben. Zijn vrouw kijkt me paniekerig aan.

'Je hebt toch niet van die harde rockmuziek uitgekozen?' vraagt ze. Iron maiden of Korn leek me nou niet de meest geweldige keuze, dus nee. Ik denk dat hij dan spontaan de kist was uitgesprongen en de muziek had uitgedaan. Ik verzeker haar dan ook dat het heel erg meevalt en ze lijkt weer wat te ontspannen.

Aangekomen bij de begraafplaats wordt mijn vaders kist de ruimte in gedragen waar straks de dienst zal plaatsvinden. Wij worden allemaal verzocht om in de wachtruimte plaats te nemen die speciaal voor de familie is. Buiten staan er al heel wat mensen om mijn vader de laatste eer te bewijzen. Ik kijk of mijn moeder en Robert er al zijn, maar kan ze nergens vinden.

Robert is meegereden met een oom. Het was even moeilijk, want er leek in geen enkele auto plek voor hem te zijn.

Ik heb geen zin om in de wachtkamer plaats te nemen, dus wacht ik buiten. Mensen kijken me allemaal vol medelijden aan. De zwangere dochter, zie je ze haast denken. Tot mijn opluchting zie ik Robert aan komen lopen. Ik begon me akelig ongemakkelijk te voelen door al die blikken in mijn richting. Samen nemen we plaats in de wachtruimte bij de rest van de familie.

De stoeltjes zitten totaal niet. Ik probeer een houding te vinden die geen pijn doet aan mijn bekken, maar het lijkt onmogelijk.

Ze horen dit toch draaglijk voor je te maken?

Na een tijdje geef ik het op en besluit ik om buiten te kijken of mijn moeder er al is. Ik zie haar staan naast haar broer, zijn vrouw en Jochem. Ik ben zo blij om ze te zien, dat ik naar ze toe wandel. Samen praten we wat en als we lachen om iets wat we zeggen, krijgen we afkeurende blikken in onze richting. Je mag als dochter en ex-vrouw duidelijk niet lachen.

Ik word gewenkt. We mogen plaatsnemen in het zaaltje. Het lijkt wel alsof er een gevecht uitgebroken is. Iedereen worstelt zich snel op de voorste banken en ik kan uiteindelijk plaatsnemen op de derde rij. De eerste rij wordt prominent ingenomen door zijn vrouw en haar familie. Op de tweede rij zijn de mensen gelukkig nog schappelijk genoeg om mijn oma en opa te laten zitten.

Er zijn zoveel mensen gekomen dat er zelfs achterin en buiten de zaal mensen staan. Mijn vader zei altijd dat er geen kip op zijn begrafenis zou komen. Hij zou dit eens moeten zien!

Als eerste neemt zijn vrouw het woord. Ze vertelt over hun ontmoeting en wat hij voor haar betekend heeft.

Het is duidelijk dat de spanning weer terug is, al laat voor de rest niemand het merken.

Als ze klaar is leest de ondernemer teksten voor die de familie zelf niet kan voorlezen vanwege hun emoties en dan is het zover. Mijn liedje voor mijn vader wordt gedraaid.

'Het volgende nummer is van Eva, de dochter van Jan.'

Het is stil in de zaal als de eerste tonen klinken

Never thought
This day would come so soon
We had no time to say goodbye
How can the world just carry on?

37

I feel so lost when you are not at my side
But there's nothing but silence now
Around the one I loved
Is this our farewell?

Tijdens de eerste klanken laat ik mijn tranen de vrije loop. Toch kalmeer ik uiteindelijk en luister naar het nummer. Als het afgelopen is voel ik dat dit voor mij het perfecte afscheid is. Zo klopt het. Ik heb geen woorden nodig om voor te dragen wat hij voor me betekende. Dat weten we zelf allebei maar al te goed.

Als laatste spreekt zijn baas. Het is een mooie voordracht. Hij zegt herhaaldelijk dat mijn vader zo vreselijk eigenwijs was en denkend aan onze laatste ruzie komt er een glimlach op mijn gezicht die ik er met moeite afkrijg. Zie je wel, grinnik ik inwendig. Die ruzie eindigde in een discussie over wie van ons twee het meest eigenwijs zou zijn.
'Mijn gedachten gaan vooral uit naar zijn vrouw en zijn dochter.'
Terwijl hij dit zegt geeft hij een knikje naar mijn vaders vrouw en dan zoekt hij mij. Ik wil al bijna opstaan en zwaaiend zeggen dat ik naar deze banken ben verbannen als hij me ziet. Hij knikt ook naar mij.
'Ik kon je al niet vinden,' zegt hij en aan zijn blik te zien is ook hij verbaasd me daar aan te treffen.

De begrafenisondernemer verzoekt ons om de kist te volgen. We gaan op weg naar mijn vaders laatste rustplaats. Hij drukt iedereen nog even op het hart dat het de bedoeling is dat de familie voor gaat. Dat zal moeilijk gaan, denk ik nog en ik krijg gelijk. Iedereen dringt om zo snel mogelijk achter de kist te komen. Dit is toch niet te geloven? Dat mensen zo egoïstisch zijn. Ik ben mijn plaats inmiddels gewend en vind het ook niet erg om achteraan te lopen. Door vooraan te lopen laat je immers niet zien hoeveel je om iemand gaf en in mijn ogen is het geen gevecht om te laten zien wie het meest voor hem betekend heeft.

Dan gebeurt er iets wat ik niet had verwacht. Zijn vrouw staat met een bloemstuk in haar handen en wacht op me.

'Laten we dit samen dragen,' zegt ze.

We nemen plaats in het midden van de stoet en zo lopen we naar zijn graf. Ik voel ineens hoe iemand me bij mijn schouder vastpakt. Het is mijn moeder en zo gebeurt het dat ik tussen zijn vrouwen loop.

Mijn moeder vraagt waarom ik op de derde rij zat. Ik leg uit dat het net een gevecht was om de ereplaats en ze knikt begrijpend. We komen aan bij het graf. Ik zie nog net hoe ze zijn kist neerzetten boven het gat. Het valt me op dat het graf ernaast ook al open ligt en ik zie de beide hopen zand naast de graven. Ik vind het geheel maar macaber aandoen.

Er geschiedt nog een wonder. Ik word naar voren geduwd onder de woorden dat het mijn vader was en ik niet zo achteraf hoor te staan. Ondanks alles voel ik me dankbaar dat ik hier mag staan en niet zo achteraf over schouders glurend om nog iets op te pikken.

De begrafenisondernemer wacht tot iedereen er is als hij zijn laatste woorden spreekt. Ik hoor ze niet. Ik staar naar het graf. Dan is het voorbij. De begrafenis is afgelopen. Langzaam lopen we terug naar de ingang van de begraafplaats. Er moet nog verplicht koffie gedronken worden.'

'Hoi Eva,

Pfff, deze win je van mij. Een 10. Helaas kan het niet hoger, Je hebt me diep en diep geraakt en je brengt me op een verhaal uit een crematorium.

Vorig jaar, op tweede pinksterdag, overleed onverwacht een zeer goede vriend van mij aan een hartaanval. Op de crematie was ik een van de sprekers. Ik had mijn speech extra groot afgedrukt, omdat ik verwachtte dat ik het niet droog zou houden en dan mijn tekst niet meer kon lezen. Hetgeen ook gebeurde.

Mijn tekst:
'Hans,
Nadat ik Hans ruim dertig jaar uit het oog had verloren, kwam hij begin februari 2010 onverwacht op mij af.
'Hé Han? Jij hier? Ik dacht dat jij je schaapjes wel op het droge had.'
Ik herkende hem eerst niet en dacht dat hij een werkcoach was. Toen hij me een hand gaf herkende ik hem pas.
'Verrek Hans Menzel! Dat is lang geleden!'
Later bleek dat die dag tot aan ons weerzien als een van de zwartste dagen uit zijn leven gold. Over onze toevallige ontmoeting raakte hij niet uitgepraat. Door zakelijke en persoonlijke tegenslagen waren we die dag allebei bij WerkNu beland.
Na lang succesvolle ondernemers te zijn geweest waren we als verschoppelingen in een werkgelegenheidsproject van de Gemeente Breda gestopt. Door Hans 'Het Strafkamp' genoemd.
Onze vriendschap bloeide op als nooit tevoren. We haalden de ruim dertig verloren jaren in en vertrouwden elkaar onze triomfen en misère toe. We hadden ook veel plezier samen. Het werd een vriendschap waarvan een mens er maar een of twee in zijn leven heeft.
We werkten drie maanden zij-aan-zij bij WerkNu met dom inpak- en sorteerwerk. Niets voor ons natuurlijk, maar we moesten het project uitzitten.
Hans begon gelijk met weggeven. Dat was typisch Hans. Ik kreeg een fiets van hem. Het bleek de fiets van zijn vader te zijn, waarvan hij niet verwachtte dat zijn vader daar ooit nog eens op zou springen.

Na 'Het Strafkamp' belden we elkaar dagelijks en e-mailden we veelvuldig. Ook kwam hij vaak bij mij langs.

'Ha kereltje,' zei hij dan bij binnenkomst. We raakten nooit uitgepraat en wisten alles van elkaar.

Toen ik zes dagen achtereen een hele zware periode doormaakte, stond Hans als eerste bij mij op de stoep en steunde mij in wat ik meegemaakt had. Dat vond ik zo prachtig. Dat is tenslotte waar vriendschap om draait.

Hans was vaak somber vanwege zijn toekomstperspectief en zijn gezondheid. Aan zijn gezondheid kon ik niet veel veranderen, maar met betrekking tot zijn somberheid praatte ik op hem in en probeerde zijn relativeringsvermogen te stimuleren. Hij vertrok dan met een opgewekt gevoel om in het volgende contact er weer op terug te komen. Meer dan ik voelde hij zich opgejaagd door anderen, die vonden dat hij nodig weer eens aan het werk moest. Maar Hans voelde zijn kansen verspeeld en zijn veerkracht gebroken. Het frustreerde hem daarom enorm dat hem gezegd werd dat hij maar aardbeien moest gaan plukken, in een magazijn moest gaan werken of taxichauffeur diende te worden. Dat was niets voor Hans. Hij was zestien jaar zelfstandig ondernemer als makelaar in drukwerk geweest en uitsluitend door pech aan de verkeerde kant beland.

Hans hielp zijn vader, die drie boeken schreef, met druktechnische zaken. Hij hielp mijn vader bij de druk van zijn eerste boek en hielp mij met de covers en druk van mijn boeken.

Een paar weken geleden nog werkten we samen aan het laatste boek van zijn vader. Uren zaten we achter de computer om de lay-out goed te krijgen en er voor te zorgen dat alle punten en komma's op hun plaats stonden. Met Hans was het ook nog eens heel prettig samenwerken. Daarom had ik het plan opgevat om hem te betrekken in een uitgeefconcept, waaraan ik me verbonden had. Hans zag dit als enige voor hem geschikte mogelijkheid om weer zinnige invulling aan zijn bestaan te geven. Ondertussen echter diende Hans tweemaal per week een solliciteersessie te ondergaan, dat was voor hem een gruwel.

'Hans, laat je niet gek maken,' zei ik, maar het vrat zeer aan hem. Het gaf hem stress.

Onlangs reden we samen op een zonnige dag naar zee. Na eerst het Maritiem Museum in Zierikzee bezocht te hebben, wandelden we over de stranden van Ouddorp en Renesse. Hans genoot daar erg van, maar meer nog van het feit dat hij mij een onvergetelijke mooie dag bezorgde.

Hans, ik mis je. Ik heb boeken geschreven voor de eeuwigheid. Boeken waarin ik jouw naam als dank heb opgenomen. Voor de volgende drukken zal ik achter jouw naam een kruisje zetten met de datum 13 juni 2011.

Hans, vriend: Je blijft altijd in mijn gedachten.'

In het spreekgestoelte brandde een waxinelichtje. Halverwege vatte mijn speech vlam. Slechts door kordaat ingrijpen van de ceremoniemeester werd erger voorkomen. Ze gooide er een glas water over. Had ik bijna het crematorium afgebrand.'

♀ Verbaasd kijken mijn zoon en zijn vriendinnetje mijn richting op als ik niet meer bijkom van het lachen. Ik zie al helemaal voor me hoe de speech vlam vat en hoe er paniek uitbreekt in de zaal. Dit einde had ik niet aan zien komen, vooral niet na zo'n prachtig en ontroerend verhaal.

Mijn lachsalvo bereikt een hoogtepunt als het vriendinnetje in mijn zoons oor fluistert: 'Gaat het wel goed met je moeder?'

Inmiddels lopen de tranen over mijn wangen.

Hoe moet ik dit verhaal ooit verslaan? Ook zie ik Han nu van een andere kant, een mooie en menselijke kant. Hoe vreselijk moet het zijn om een vriend te verliezen, een échte vriend nog wel. Iemand met wie je alles kon delen, die hetzelfde doormaakte en die er voor je staat als je hem nodig hebt. Het lijkt me afschuwelijk.

Han is voor mij door dit verhaal niet meer 'het vieze mannetje'. Ik zie hem met andere ogen. Hij heeft tot nu toe geen makkelijk leven achter de rug. Integendeel zelfs, hij heeft behoorlijk wat ellende meegemaakt. En toch blijft hij overeind staan en is hij optimistisch. Ik heb hem leren kennen als een ambitieus iemand die overal wel iets in ziet en die overal iets van weet te maken. Mijn respect voor hem groeit met de dag.

Nu is het mijn beurt. Ik besluit na enige twijfel om een luchtig voorval te omschrijven. Het zware werk komt later misschien wel weer aan de orde.

'Hoi Han,

Een dikke 10. Vooral door de prachtige vriendschap die je beschrijft. Dat maakt een mens zelden mee. Ik was dan ook zeer ontroerd en toen kwamen de laatste zinnen. Ik heb dubbel gelegen! Deze gaat er absoluut niet van winnen, maar het is wel een leuke anekdote.

Begin dit jaar moest ik behandeld worden in het ziekenhuis: aderlaten. Dat is een halve liter bloed afnemen in een infuuszak zodat mijn ijzergehalte zou dalen.
    Nu doe ik graag aan zelfkwelling. De avond voor de behandeling ben ik Grey's Anatomy gaan kijken, een aflevering waarin een man het vuur opent op artsen en patiënten. Mijn gedachte erachter was: zo erg kan het nooit worden.
    De volgende ochtend was het zover en de aflevering stond nog vers in mijn geheugen. Mijn moeder drukte op het knopje voor de lift en toen de deuren zich openden rende er een compleet ME-team uit de liften!

Compleet verbijsterd keken we toe hoe het team door het ziekenhuis galoppeerde...

Tot op de dag van vandaag weet ik niet wat er aan de hand was, maar ik heb daar een uur lang met het zweet in mijn bilnaad gelegen.'

'Maf verhaal hoor Eva! Een 8'.

♂ Ze schrijft leuk, met echte verhalen. Zou het al tijd worden dat ik weer over seks begin? Of zal ik er nog even mee wachten. Ach wat, ik gooi er even een spannend verhaal in. Zal wel goed komen.

'Mijn dochter Anne (toen 13) was erg dapper toen we op zee met het eerste zeiljacht in een storm terechtkwamen.

's Morgens om vijf uur waren we vanaf de mooring (meerboei) in Sheerness, aan de monding van de Theems, vertrokken op weg naar België. Ik had de kinderen vanwege het vroege uur niet wakker gemaakt, waardoor ze het gebruikelijke pilletje tegen zeeziekte misten.

Tegen elven rolden ze naar buiten. De jongens zeeziek en Anne hield zich moeizaam staande. Ik had wel het weerbericht voor de Engelse kust opgepikt, dat er voor de komende dagen goed uitzag. Het weerbericht voor de Belgische kust ontbrak echter. Ik zeilde dus nietsvermoedend weg, mee met een noordwestenwind. De genua stond vol uit en ik had het niet nodig gevonden om onze bijboot binnen de reling te stouwen.

Het liep aanvankelijk perfect, maar dat werd tegen de middag een stuk minder. Het waaide inmiddels hard en we haalden topsnelheden. Een paar uur later was het echter niet meer te doen. We voeren in de shippinglane, het verkeersstelsel op de Noordzee voor de beroepsvaart, als een snelweg met grote zeeschepen. Die halen een snelheid van vijfentwintig knopen, oftewel vijfenveertig kilometer per uur.

Kruisend verkeer is uitsluitend toegestaan met een haakse, rechte koers. Als je er schuin doorheen gaat krijg je een boete van de kustwacht. Die is niet te beroerd om er een helikopter op af te sturen en je scheepsnaam voor een flinke boete te noteren of zelfs aan boord te komen.

Ik was er ooit getuige van dat een onoplettende visser, die zich kriskras in de shippinglane bevond, een ticket onder zijn ruitenwisser kreeg. Vanuit de helikopter zetten ze even een mannetje daarvoor aan boord.

Het lukte mij wel om de rechte lijn aan te houden, maar in de 'middenberm' is het ondiep en daar ontstond in het ruwe weer grondzee. We kwamen in een branding terecht.

Voor ons sleepte een visser netten achter zich aan. Hij mocht daar wel zijn. Ik riep hem op via de marifoon: 'What are your intentions sir?' Geen antwoord, maar hij diende ons voorrang te verlenen.

Hij lag precies op mijn lijn te klooien!

Anne en ik stonden aan dek in de bruisende kuip, het achterdeel van het schip, waar golf na golf insloeg. Ik had nog maar één oplossing, en snel zette ik Anne achter het roer en instrueerde haar om zo goed mogelijk koers te houden. Ik had het haar nog niet uitgelegd of er beukte een monstergolf in het grootzeil. Het schip ging plat. De zalingen, de zijstukken aan de mast, sleepten door het water. Sjors zat doodziek in de salon achter de navigatietafel boven een emmer. Hij werd van de ene naar de andere kant tegen de kombuis aan gesmeten. Bult op zijn hoofd. Het schip richtte zich gelukkig snel op. Het zeil klapperde bezeten. Ik gespte een lifeline aan mijn reddingsvest en kroop naar de mast. Mijn dochter kon me haast niet zien in de bruisende schuimmassa.

Ik worstelde het grootzeil naar beneden en kroop terug over het dek. Anne stond verbeten te sturen. Wat een heldin!

In barre omstandigheden motorden we de resterende vijfendertig zeemijl richting Oostende. Zeilen was niet meer te doen. Golven kwamen op twee tot drie meter hoogte op ons af om dan gelukkig onder ons door te glijden. Golftoppen verstoven door de storm, die opliep en draaide tot zuidwest windkracht acht met uitschieters naar negen.

Alles, ook binnen, was nat en de navigatieapparatuur begaf het. Ik had geen elektronische positie meer, maar had wel elk halfuur onze positie op de zeekaart ingetekend. Ik probeerde die kaart uit te vouwen, maar dat lukte niet door de harde wind. Ik scheurde het deel van de kaart waarop onze route stond af en de rest van de kaart waaide overboord. De kustlijn was nog niet in zicht. Nog vijftien mijl te gaan.

Acht zeemijl verder vliegerde onze bijboot. Hij draaide als een bezetene in de lucht. De lijn knapte en het bijbootje dreef af.

Ik draaide een grote ronde om hem op te pikken en wilde hem aanhaken met mijn pikhaak, maar dat was levensgevaarlijk. Als ik hem binnen wilde sleuren, kon ik overboord slaan.

Met uitsluitend kinderen aan boord was ik volledig onderbemand. Ik besloot de bijboot te laten gaan en riep de kustwacht op om door te geven dat ik hem was verloren. Dan zochten ze niet naar eventuele vermisten als het bootje leeg werd aangetroffen.

De boodschap werd door de kustwacht begrepen en ze rukten met twee reddingsboten uit. Over de marifoon: 'Heeft u assistentie nodig?'

'Nee hoor, lukt wel,' antwoordde ik. Ze zochten naar de bijboot, maar die is nooit meer gevonden. Wellicht dat ik er een strandjutter blij mee heb gemaakt.

Doorweekt en uitgeput voeren we om 21.45 uur de haven van Oostende binnen en ik meerde langszij af aan een ander jacht, dat als derde dwars aan de steiger lag.

Ik nam de schade op. In het vooronder stond water. De jongens moesten die nacht maar op de banken slapen en Anne bij mij in de kapiteinshut.

We douchten aan boord met koud water, maar het voelde heet aan.

Per mobile telefoon stelde ik de moeder van mijn kinderen en even later mijn vrouw gerust. We leefden nog! Zij hadden vanaf die middag in grote spanning gezeten, want ze wisten dat het goed fout zat op zee. Vrouwlief verbleef op dat moment in een Centerparc-bungalow. De bomen in het park leken op dividivi's, zoals die op Curaçao en Aruba groeien, gevormd naar de wind.

Na mijn laatste geruststellende woorden hield mijn mobiele telefoon er definitief mee op.

Ik bakte pannenkoeken voor de kinderen. Het was middernacht toen ik over het schip van mijn directe buurman klom om de elektra op de steiger aan te sluiten. Op zijn dek stootte ik mijn voet tegen zijn losliggende spinnakerboom. De buurschipper stak woedend zijn hoofd naar buiten. Of ik gek geworden was met die rotherrie, maar ik had geen puf meer voor ruzie. Veel te moe. We hadden elf uur in barre omstandigheden gezeten en dan zou ik de laatste elf meter nog in de problemen komen! Die schipper wist toch ook wel dat we het slecht gehad moesten hebben op zee?

Anne kwam naast me liggen in haar gelukkig nog droge slaapzak.

'Papa, ik heb hele mooie golven gezien,' zei ze en ik liet mijn tranen ongezien de vrije loop.

De volgende morgen schold ik de buurschipper uit:

'Als het varen op zee wat te spannend voor je is, dan rot je maar op naar je vorige stacaravan!'

De laatste haven die we op die trip aandeden was die van Ooltgensplaat. Ik draaide het schip achteruit de box in.

Yannik had vanaf het voordek al een landvast om een meerpaal gegooid. Nog anderhalve meter te gaan. Ik haakte mijn pikhaak aan een ijzeren trap die op de steiger stond en trok de boot naar de steiger. Yannik vierde zijn landvast te weinig. Ik hing overboord en zag de trap naar mij toe komen, die stond los! Ik verloor mijn evenwicht en viel in volle zeilbepakking overboord.

Is dat nou gevaarlijk, zeilen?'

♀ Het is alsof ik net een scene uit een film heb gelezen. Waar mijn leven het beste vergeleken kan worden met Bridget Jones' Diary, lijkt dit voorval rechtstreeks te zijn overgenomen uit White Squall.

Ik heb beslist spannende dingen meegemaakt, maar dat valt allemaal in het niet bij dit avontuur. Zelfs de keer toen ik zes jaar oud was en het zo hevig onweerde dat de platen in het plafond van de school naar beneden vielen. Het leek toen alsof de wereld verging, maar ik heb geen moment voor mijn leven gevreesd.

Als ik bij Han en zijn kinderen op de boot had gezeten, dan weet ik zeker dat ik doodsangsten had uitgestaan.

Wat moet Han wel niet van me denken? Mijn mails zijn lang niet zo spannend als de zijne. Ik bedoel, hij startte een sekslijn, heeft een trio gehad, brandt crematoriums bijna plat en verzuipt bijna op volle zee. Kom ik aan met mijn onzinnige blunders. Laat ik maar voortborduren op filmscènes. A la Bridget welteverstaan.

'Absoluut een tien! Dit is zo'n avontuur dat je normaal alleen ziet in films, niet bepaald in het echte leven. Of dat zeilen echt zo gevaarlijk is? Tja, je hebt er maar mooi een verhaal aan overgehouden.

In de categorie hobby dus:

Al van jongs af aan had ik drie dromen: actrice, auteur of presentatrice worden.

Na de middelbare school wilde ik naar de toneelschool, alleen kwam ik door omstandigheden op het VBO terecht (heet nu het VMBO). Aangezien de toneelschool HBO is, ging dat natuurlijk niet lukken.

Ik besloot dan ook een tussenstudie te doen en ondertussen alvast wat ervaring op te doen via amateurtoneel.

Ik weet nog goed dat de dag van de eerste les was aangebroken. Vreselijk zenuwachtig natuurlijk, want nu ging ik werken aan mijn toekomstdroom. Zou ik wel goed genoeg zijn?

Tot overmaat van ramp bestond de eerste les uit improviseren. De medecursisten riepen een rol en je moest meteen beginnen met spelen. Ik kreeg de rol van zwerver toebedeeld...

Binnen een minuut had ik de lachers op mijn hand, ik ging steeds meer stralen en kreeg een enorm zelfvertrouwen.

Ik kon dus wel degelijk acteren!

De medecursisten werden steeds enthousiaster, tot ze zelfs over de grond rolden van het lachen.

Thuis vertelde ik vol vuur hoe goed ik geweest was. Tot mijn verbazing zag ik dat mijn moeder haar lach nauwelijks in kon houden. Uiteindelijk brulde ze: 'Kijk eens in de spiegel!'

Ik kijken, maar ik zag niets. Op het moment dat ik dat wilde zeggen, werd het ook mij ineens duidelijk...

Tussen mijn voortanden zaten allemaal stukjes spinazie. In mijn haast om op tijd te komen voor de eerste les, had ik geen tijd meer gehad om mijn tanden te poetsen en had ik er niet bij stilgestaan dat spinazie een eigen leven leidt in je mond.

Overigens ben ik de week erop gewoon weer gegaan en deed ik net alsof ik gek was.'

'Een grappig verhaal van die spinazie, Eva, en wat goed van je dat je een acteercursus volgde. Ik vind dat acteren als verplicht vak op alle scholen zou moeten worden ingevoerd. Het leert je heel veel over jezelf en over anderen.

Ik had die dromen vroeger niet en pas op mijn 49ste begon ik met schrijven en kwam mijn leven er in een recordtempo uitgerold. Dat was op zich al een bizarre ervaring. Zeker omdat het mijn leven heeft gered. Toch heb ik aan het acteurschap geproefd op mijn zestiende.

Op het prikbord in de aula van mijn middelbare school, die ik overigens niet eens middelbaar afrondde, want ik zakte tweemaal voor mijn eindexamen HAVO, hing op een woensdagochtend een briefje.

'Vrijwilligers gevraagd'. Het was voor een of andere kutklus en het verbaasde me niet dat er slechts twee namen onder waren geschreven van een leerling en een leerlinge die met elkaar verkering hadden.

'Wat een uitslovers zeg,' zei ik tegen mijn vrienden en liep met hen op naar het handvaardigheidslokaal voor de laatste twee lesuren van die dag.

De uitslover zat ook in die klas en hij kwam niet opdagen. Pas aan het eind van de les kwam hij binnen. De leraar vroeg hem waar hij al die tijd was gebleven, waarna hij rood aanliep en stamelend vertelde dat hij bij de directeur was geweest.

'Waarvoor dan?' De leraar was nogal van het bemoeizuchtige type.

'Voor een film, meneer. Ik mag met mijn vriendin een hoofdrol vervullen in een speelfilm voor de NOS-jeugdtelevisie. Alles is al besproken met de regisseur.'

Ik baalde, dat ik mijn naam niet op dat briefje had geschreven, en mijn beeld van de uitslover veranderde plotsklaps in dat van een aankomende held.

'Ze zoeken nog medeleerlingen voor de bijrollen.'

Ik trok meteen mijn vrienden aan de arm en toog naar het kantoor van de directeur, waar ik beleefd aanklopte. Achter mij een schare klasgenoten.

'Binnen!' En we stapten met een man of tien zijn spreekkamer binnen. De regisseur was nog aanwezig en ik vroeg de directeur of het waar was dat er bijrollen werden vergeven voor een speelfilm.

De regisseur reageerde meteen opgelucht, want hij had er inderdaad nog een stuk of tien nodig en de reacties op het briefje in de aula waren nogal karig uitgevallen.

Het thema was Jeugdcriminaliteit. Ik zal niet zeggen dat het op mijn lijf was geschreven, maar ik had er wel een goede voorstelling van.

De opnames werden tijdens de schooluren geschoten op diverse locaties. Het was een beetje een boefjes-verhaal met een stichtelijke boodschap voor jongeren die op het verkeerde pad dreigden te komen. We kregen er nog voor betaald ook, zelfs voor de herhalingen.

Onder het oog van de camera braken wij in op school, trapten een lokaal aan gort en sloopten geluidsboxen van de muur. We hoefden ons niet in te houden, want eventuele schade werd door de NOS vergoed. Tevens mochten we onder toezicht inbreken op een boot in een jachthaven en pleegden we winkeldiefstallen.

De opnames duurden drie dagen en de laatste draaidag werd bij de Hema geschoten. Mijn moeder wilde dit graag van dichtbij meemaken en stond op afstand toe te kijken hoe ik mijn zakken vol graaide aan de bijouterie-balie van het winkelbedrijf.

De opnames moesten een paar keer over omdat omstanders zich tot een opstootje vormden en die toeschouwers stonden steeds in beeld. Eenmaal liep een oudere vrouw langs die recht in de camera keek.

'Cut,' riep de regisseur, wat niet geheel door de dame werd begrepen.

Enfin. Ik haalde steeds mijn zakken dan weer leeg en hing alles weer keurig op in het rekje.

In die tijd was het mode om lange groene legerjassen te dragen en ik wist niet dat er een scheur in een van mijn zakken zat.

Toen ik die avond thuiskwam en mijn jas aan de kapstok hing, voelde ik dat er wat in de voering zat. Je begrijpt het al. Ik had dus echt gestolen. Was nog best een mooi horloge.'

♀ Ik open snel mijn mail om te zien of Han al heeft gereageerd. Tot mijn vreugde is dat het geval en ik begin meteen te lezen.

Ik merk dat ik steeds meer begin uit te zien naar zijn verhalen. Ze zijn een aangename onderbreking van het werk en ik geniet van zijn openheid en humor. Deze mailwisseling gaat mijn leven steeds meer beheersen. Waar ik ook ben, ik ben druk bezig met het bedenken van leuke voorvallen uit mijn leven om aan Han te mailen.

Het verhaal van zijn eerste acteerervaringen brengt mij meteen op mijn eigen ervaringen op dit gebied. Ik klik op beantwoorden en begin te typen.

'Dat is nog eens een nieuwe manier van winkeldiefstal; een onbewuste crimineel. Ik snap trouwens wel dat je baalde toen je hoorde dat de uitslover de hoofdrol kreeg. Dat was niet helemaal wat je verwacht had natuurlijk. Maar je moet het maar zo zien: jij hebt er tenminste een horloge en een groot avontuur aan overgehouden. Dat kan hij niet zeggen.

Om even door te gaan op dat acteren:

Ik heb ook ooit een bijrol gehad in een televisieserie, namelijk in Goede daden bij daglicht. Van de andere 'acteurs' die een bijrol vervulden hoorde ik dat de hoofdrolspeler de ex van Katja

Schuurman was en héél bekend. Toen ik hem zag lopen had ik geen idee wie de beste man met de onuitsprekelijke naam was: ene Fedja van Huêt. Ook ene Carice van Houten speelde mee en ik moest samen met haar op een podium dansen. Iedereen was nogal lyrisch over haar, maar ik had wederom geen idee wie zij was. Nu trouwens wel, hoor, zo erg is het ook weer niet met me.

Maar goed, de regisseur zat me zo eens een tijdje te bekijken en ineens zei hij: 'Ik wil je een groter aandeel geven in de serie. Ik heb een kleine rol die uitermate geschikt is voor jou'.

Inwendig ging ik helemaal uit mijn dak. Ik was de regisseur opgevallen, dat moest wel wat betekenen!

Hij nam me mee naar de bar waar mijn grote doorbraak plaats zou vinden. Van de zenuwen wist ik niet waar ik kijken moest en volgde zijn aanwijzingen op de automatische piloot op.

Ik kwam pas weer op Aarde toen hij me vertelde waar mijn rol uit zou bestaan. Ik moest mijn hele gezicht onder mijn eigen kwijl smeren en dan laveloos op de bar gaan liggen. De cameraman zou mijn gezicht vol in beeld nemen.

Even dacht ik dat ik hem verkeerd verstaan had tot hij zei dat ik dan nu even flink in mijn handen moest kwatten en smeren maar...

Uiteindelijk heb ik het gedaan. Ik wilde niet meteen bekend staan als de actrice die weigert en met wie dus niet samen te werken valt. Ik was van plan om iedereen trots over mijn rol te vertellen, maar na dit fiasco heb ik de serie stilletjes op mijn slaapkamer gekeken en zag tot mijn schaamte dat mijn kwijl overduidelijk in beeld was.

Achteraf kan ik zeggen dat ik overigens wel overtuigend een laveloos iemand kan spelen. Dat kan dan mooi weer op mijn CV.

Enkele jaren later werd ik gebeld door een castingbureau. Eén van de medewerkers beloofde mij dat ze de rol had gevonden die zou zorgen voor mijn grote doorbraak. Met het voorgaande nog in mijn

53

achterhoofd dacht ik eindelijk een goed karma opgebouwd te hebben. Ik zou naam maken als actrice!

Toen ze zei dat de regisseur speciaal om mij gevraagd had, kon mijn dag helemaal niet meer stuk.

En toen kreeg ik te horen wat mijn eerste grote rol zou zijn. Ik mocht meespelen in een parodie op De rattenvanger van Hamelen. Ik zou samen met nog drie vrouwen de 'ratten' spelen, maar dan in de vorm van prostituees. Deze rattenvanger lokte namelijk dames van lichte zeden achter zich aan.

Mijn tekst zou bestaan uit: 'ik wil je pijpen', 'lik me', et cetera. Vol verbijstering hoorde ik dit aan.

Nadat ik over de ergste schok heen was heb ik gezegd dat ik helaas verhinderd was op de data waarop de film zou worden gemaakt. De medewerker van het castingbureau begon te dreigen: ze hadden zo hun best gedaan om te zorgen voor mijn doorbraak en ik kon nu niet weigeren. Als ik dat zou doen, dan kon ik in principe mijn carrière wel vergeten.

Ik heb heel even getwijfeld en nam toen mijn besluit. Ik zou het voortaan bij schrijven houden, dan kon ik mijn karakters van alles laten uitspoken en zou ik later niet bekend staan als 'de actrice die ooit begonnen is als prostituee.'

'Mooie anekdotes Eva. Een 7. Ik dreigde ooit voorzitter te worden van een nieuw op te richten vereniging van onbekende schrijvers. Dat zou mij veel bekendheid opleveren, werd mij beloofd. Ik heb ervoor bedankt, want ik wilde niet de bekendste onbekende schrijver worden.'

♂ Het zijn best leuke verhalen die ze me schrijft en ik leer haar steeds beter kennen, maar nog lang niet goed genoeg. Tussendoor stik ik van het werk, maar ik loer steeds naar mijn privé-inbox of er een bericht van haar tussen zit. Door alle zakelijke beslommeringen is het schrijven er de laatste tijd flink bij ingeschoten. Wat is het heerlijk dat ik weer voluit schrijf. Alleen daarvoor ben ik haar al dankbaar. Ik wil echter meer. Het is geen fictie, maar echt. Ze kruipt steeds dieper in mij en ik vraag mij af hoe zij ons lettergekletter ervaart. Als we zo open naar elkaar zijn, dan moet er toch eens een vonk overschieten. Ik heb het idee dat ik genoeg vonken afschiet, al is dat nog hagel. Het treft nog geen doel, maar met scherp schieten zou ik wel erg beantwoorden aan het beeld van de macho jager die recht op zijn prooi afgaat. Daarvoor is het nu nog veel te vroeg en het staat mij ook niet. Zij is in het voordeel. Ze is single, jong en fruitig en hoeft absoluut geen moeite te doen om een hunk aan de haak te slaan, maar misschien heeft ze wel totaal geen vertrouwen meer in mannen. Zou best kunnen. Ik ben in het nadeel. Oké, ik kan dan misschien wel aardig schrijven en ik vind mezelf een lekker hapje, maar ik ben niet jong, kamp met overgewicht en heb geen cent te makken.

Oei, ik besef ineens dat ze me ongetwijfeld vol in beeld heeft gezien in mijn persoonlijke boektrailer op YouTube en ook door het nieuwsitem dat Omroep Brabant TV onlangs van mij maakte als voormalige miljonair die volledig aan de grond raakte met mijn relaas dat ik uit het leven wilde stappen, na alle ellende die mij was overkomen. Dat mijn afscheidsbrief *Afscheidsboek* werd en ik sindsdien schrijver/uitgever ben. Ze kan dus weten dat ik mijn adonisstatus reeds lang geleden ben verloren en een veel te dikke kop heb, om over de rest van mijn lichaam nog maar te zwijgen. Ik moet het dus hebben van spitsvondigheid, mooie verhalen en virtuele overredingskracht om haar… tussen de lakens te krijgen. Shit! Het staat er gewoon! Wat een zielige vertoning zeg. Ik lijk wel een opa die aan zijn laatste kunstje bezig is.

Het nieuwsitem op de lokale omroep, ook op de radio, ging er overigens over dat ik na een lange juridisch strijd van vijf (!) jaar ook in hoger beroep van de Opta had gewonnen. Het Opta-geteisem was op 27 juni 2007 mijn callcenter binnengevallen met veertien man. Ik mocht niet eens meer naar de wc! Ze kopieerden mijn archief, administratie en pc's en onderwierpen mij aan een verhoor. Een paar maanden later kwam er voor mij een boete uitrollen van 240.000 euro, voor indirecte overtreding van het spamverbod. Een zakenpartner kreeg 270.000 euro aan zijn broek. Die avond stonden de telecomwaakhonden met hun staarten te kwispelen in het NOS-journaal en op RTL-nieuws. Dat ze met 510.000 euro de grootste slag ooit hadden geslagen. Mijn bedrijf ging erdoor naar de kloten. Faillissement, imagoschade, echtscheiding, geen inkomen, werkloosheid en geen adres waren het gevolg. Alleen een onbereikbare liefde, die van ruim dertig jaar geleden, was mijn enige lichtpuntje. De hoogste rechter heeft de Opta uiteindelijk godzijdank teruggefloten. De boete is definitief van de baan en ik kan gaan denken aan eerherstel en een schadeclaim. Het wrange is dat het Opta-gespuis wist dat er niets van hun onderzoek klopte. Dat ze mij destijds alleen hebben gebruikt om te kunnen scoren. Ik word er nog kwaad om terwijl ik dit schrijf. Onrecht is een van mijn zwakheden. Zo'n zeventig jaar geleden hadden we te maken met de Gestapo. Daar zijn door de jaren heen een paar letters afgevallen en nu hebben we te maken met de Opta. Genoeg daarover, want het kost mij te veel negatieve energie. Energie die ik liever ergens anders voor gebruik... Eva?

Naast de persoonlijke verhalen die ik met haar uitwissel heb ik ook steeds vaker zakelijke contacten met haar. Die zijn heel divers en verlopen heel prettig. Ik moet oppassen dat ik zakelijk en privé met haar niet te veel door elkaar flikker. Vanochtend had ik haar aan de telefoon. Puur over de business. Ik zoog alles van haar op en deed heel lacherig, haast puberaal. Dat kan beter, Han! Wel bij de les blijven, dacht ik nog, maar ik had mezelf simpelweg niet in de hand. Nu spookt ook haar stem steeds door mijn hoofd, die open is met fraaie zwarte randjes. Rauw van buiten, zacht van binnen.

Ik ga laat naar bed, slaap slecht en sta vroeg op. Naast mijn bed ligt een blocnote en een pen. Nachtelijk ingevingen schrijf ik meteen op om die ik 's morgens uit te werken. Dan val ik weer even in slaap om daarna weer wakker te schieten en het eerste wat dan in mij opkomt is Eva. Ik besluit haar een pikant verhaal te sturen.

'Na vele jaren wintersport in alle wintersportlanden van Europa, leek het me wel leuk om eens heel ver weg te skiën. De keuze viel op Lake Tahoe Nevada USA met mijn drie kinderen uit het eerste huwelijk. Dat op de begane grond van het hotel een fors casino was gevestigd, behoorde niet tot een heel toevallige bijkomstigheid. Mijn kinderen waren nog onder de 18, dus mochten ze daar niet komen. Als ze naar bed waren sloop ik naar het casino en verbleef daar meestal tot diep in de nacht.

Op een avond, die al in de nacht was overgegaan, won ik $ 1500. Ik had zin in seks en besloot de taxi te nemen naar een beroemde hoerenranche, waar ik eens een documentaire over had gezien in een van Veronica's wufte televisieprogramma's. Ik ben absoluut geen hoerenloper en dit was dan ook de enige keer dat ik een bordeel bezocht. Ik voelde me bezwaard dat ik mijn kinderen alleen in het hotel achterliet.

Een taxi bracht me naar de hoerenkast in *the middle of nowhere*, en ik besefte dat mijn onderhandelingspositie daarmee meteen was verkeken. Als je daar met een taxi kwam aanzetten, wilde je immers maar één ding.

Ik kreeg een keuze voorgeschoteld van een stel bloedmooie meiden. Ik liep langs de opstelling en schudde de dames onhandig een voor een de hand. Ik wist niet of dit gebruikelijk was, maar het leek me wel gepast.

Mijn keuze viel op een Nigeriaanse schone met mooie borsten, een rank lijf en stevige billen. Ze wiegde voor mij uit naar haar luxe kamer, voorzien van een bruisende jacuzzi. Ze vroeg me wat ik wilde.

'All the way,' natuurlijk! 'Dat is dan $ 1500,' zei ze. Er viel niet over te onderhandelen. Daar ging mijn winst van die avond.

We lieten ons in de jacuzzi zakken en strelend stelde ze me de geijkte vragen. Waar ik vandaan kwam en of ik kinderen had, dus vertelde ik honderduit over mijn kids. Ik weet niet of het daar aan lag, maar ineens was mijn lust in seks totaal verdwenen. Met veel moeite perste ze er nog een mislukte *blow job* uit, en dat was het dan.

Niet veel later zat ik weer aan de bar en verzocht om een taxi. Uiteraard dezelfde waar ik mee was aangekomen. De grijnzende chauffeur bracht me terug.

Tussen de ranche en Lake Tahoe lag een bergpas en de taxi begon bergop steeds langzamer te rijden. Eerst dacht ik dat het hem te doen was om de rijtijd zo lang mogelijk op te rekken, maar wat bleek was dat de motor nog maar op twee pitten draaide. De grijns op zijn gezicht was inmiddels verdwenen.

Na zo'n vijf minuten hield hij het voor gezien, parkeerde langs het ravijn en riep voor mij een collega op. Het was inmiddels vier uur 's nachts en ik begon hem te knijpen. Over enkele uren werd ik immers aan het ontbijt verwacht.

Pas om half zes kwam de vervangende taxi opdagen. In de tussentijd was er een felle sneeuwstorm opgestoken, die de pas vrijwel onbegaanbaar maakte. De nieuwe chauffeur zag het niet zitten. 'Veel te gevaarlijk,' zei hij. Met veel overredingskracht en het vooruitzicht van $ 100 extra bracht de vervangende chauffeur mij stapvoets terug naar het hotel.

Ik was nog net op tijd voor het ontbijt.'

♂ Ik hoop wel dat ik iets pikants van Eva terugkrijg.

♀ Dit slaat alles... Als ik iets vreselijk vind, dan is het wel de prostitutie. Ik heb immers niet voor niets de rol toentertijd geweigerd. Ik vind het een van de meest vrouwonvriendelijke industrieën.

In mijn ogen worden deze vrouwen gezien als gebruiksvoorwerpen. Niet meer als een mens van vlees en bloed, maar als een ding dat je tijdelijk genot geeft. Vooral omdat je er nog voor moet betalen ook. Het is geen voorwerp dat je even in de winkel koopt!

Daarnaast heb ik de meest vreselijke verhalen gelezen over vrouwenhandel. Vrouwen die daar onvrijwillig zitten, maar uit angst voor hun pooier doen alsof ze de mannen maar wat graag willen verwennen in de hoop die avond niet afgeranseld te worden. Ik snap niet dat er mannen zijn die dit niet inzien en evengoed gebruik maken van deze diensten.

Dat is trouwens niet het enige wat me tegenstaat aan dit verhaal. Je kinderen alleen laten in een hotel alleen omdat je een vrouw voor een uurtje wil kopen? Ik kan me hier niets bij voorstellen. Wat als ze iets overkomt en jij zit daar?

Ik twijfel of ik door wil gaan met het spelletje wie het meest bizarre leven heeft. Als ik nog meer van dit soort verhalen moet lezen is het plezier er voor mij wel af. Ik geef Han nog één kans.

'Om onze nieuwe zwarte auto te testen, die we op vrijdag de dertiende gekocht hadden, besloten mijn moeder en ik diezelfde dag nog op vakantie te gaan naar Zuid-Frankrijk. De tent en wat spullen werden achterin de auto gegooid, op naar de zon!

In Limburg ging het al goed. De auto sputterde en er kwam zwarte rook onder de motorkap vandaan. Wij de ANWB bellen. Het duurde even voor ze kwamen, want het goot die dag en veel auto's hadden pech onderweg.

Toen de man eindelijk kwam deed hij iets – vraag me niet wat – en zei dat we gerust verder konden rijden, maar wel op eigen risico.

Mijn moeder wilde meteen naar huis, ik niet. Na lang zeuren haalde ik haar over om door te rijden.

In Frankrijk vertoonde de auto, op enkele ogenblikken na, weinig kuren. De ellende begon pas toen we door de Franse Alpen reden. Meerdere malen begon hij weer te schokken en te sputteren, maar stoppen was geen optie. We zaten immers middenin de bergen.

Lichtelijk bang reden we door tot we op een stuk kwamen met links van de weg een hoge berg en rechts een afgrond. We zaten middenin een haarspeldbocht en van een berm was geen sprake.

Ineens hield de auto er volledig mee op.

Daar zaten we dan, doodsbang omdat we midden op de weg stonden en geen kant op konden. Tot overmaat van ramp begon ik te huilen. Dat kwam zowel door angst als door schuldgevoel, want ik had mijn moeder overgehaald om door te rijden.

Ik vermoed dat we een reddende engel op onze schouder hadden, want achter ons stopte een Nederlands stel. Toevallig hadden zij ook nog eens een sleepkabel in de auto liggen. Ik stapte bij deze mensen in de auto en mijn moeder in die van ons; de sleepkabel werd vastgemaakt. En zo heeft het stel ons naar het dichtstbijzijnde dorp gesleept.

Daar aangekomen hebben we meteen de ANWB gebeld die ons op hun kosten naar een hotel bracht. De hoteleigenaren vonden het zo erg voor ons dat we de mooiste kamer kregen. Daar mochten we wachten tot onze auto gemaakt zou zijn.

Ook daar hebben we nog enkele avonturen meegemaakt. Zo zat er een immense spin op onze kamer (ik heb een spinnenfobie en vond de spin nog enger dan stilstaan naast een afgrond) en hebben we een behoorlijk fikse onweersbui middenin de bergen meegemaakt.

Na enkele dagen kregen we een telefoontje van de ANWB. Onze auto kon niet ter plekke gemaakt worden, we mochten op hun kosten een auto huren om onze reis voort te zetten. Ik heb nog even tegengesputterd, maar gaf mijn moeder toen haar zin: we zijn linea recta naar huis gereden waar we in Nederland tussen twee vrachtwagens vast kwamen te zitten en we al gillend en op goed geluk er tussenuit zijn gekomen. Al met al was het een groot avontuur en zodra onze auto weer in Nederland was hebben we hem meteen ingeruild voor een andere.'

♂ Nee hè, wat een kutverhaal. Gaat helemaal de verkeerde kant op en ze reageert niet eens op Lake Tahoe. Is de jus er nu al af, of zit ik op het verjaardagsfeestje van mijn negentigjarige tante? Laat ik maar diplomatiek antwoorden.

'Wel een aardig verhaal, al hebben velen wel eens zoiets meegemaakt. Ik geef je er een 6,5 voor. Het doet mij denken aan de keer dat ik voor driehonderd gulden een fiat 128 kocht om mee op vakantie te gaan naar Frankrijk. Dat was in de tijd dat APK een volstrekt onbekende afkorting was. Het karretje kreunde en steunde van alle kanten, maar bracht ons weer veilig terug in Breda. Tot de laatste bocht, toen het brik er voorgoed mee ophield. Een vriend van mij sleepte het op naar de eeuwige sloopvelden.'

♀ Willen degenen die met autopech naast een afgrond hebben gestaan zich melden?

Al dagen durf ik de mails van Han niet meer te openen. Wat zal ik nu weer aantreffen? Uiteindelijk verzamel ik genoeg moed en slaak een diepe zucht van verlichting. Dank de hemel, geen seksverhaal. Ik kan weer met een gerust hart deelnemen aan de wedstrijd.

'Leuk hoor, Eva, die wedstrijd van ons en ik heb maar één sleutelwoord van je nodig om er weer een verhaal tegenover te zetten. Ditmaal is dat ANWB.

Met mijn tweede vrouw deed ik een weekendje Valkenburg met mijn klassieke Rolls Royce. Bij ons hotel was geen overdekte of beveiligde parkeergelegenheid en 's nachts stond mijn bolide gewoon buiten op het parkeerterrein achter het hotel. Ik was als de dood voor mijn lak en de Flying Lady. De Lady was wel beveiligd door een verbinding met de claxon. Als je aan het beeldje trok toeterde de Rolls. Mijn zoons kregen hiermee vaak de lachers op hun hand door te pas en te onpas aan de Lady te toeteren.

Zondagochtend stonden onze koffers al gepakt in de foyer van het hotel. Ik zou de auto even omrijden. Gelukkig, de Rolls was nog helemaal intact. Ik draaide het plein op, waar ons hotel was gevestigd. Net voor de kruising hield hij er mee op en ik kreeg hem niet meer aan de praat. Ik keek alle zekeringen na. Dat waren er wel veertig. Niets te vinden, dus belde ik de ANWB. Een glunderende hulpverlener kwam een halfuur later aanrijden. Hij had nog nooit een Rolls gehad in zijn 25-jarige loopbaan, en vond het prachtig. Mijn vrouw had mij inmiddels al een paar keer gebeld. Waar ik in godsnaam bleef!

Een verborgen zekering was de boosdoener. Hij startte gelukkig weer en ik gleed voor bij het hotel. Hup, Vuittontassen erin en op naar de oldtimerbeurs die we die dag in Maastricht zouden bezoeken. Bij het inladen van onze bagage ontgrendelde ik onbewust de startonderbreker die zich in de kofferbak bevond. De auto startte weer niet. De ANWB'er kon niet ver weg zijn en ik belde opnieuw. Binnen vijf minuten stond hij voor het hotel en het euvel was snel verholpen. Ik dankte hem op het moment dat een man het hotel verliet, die hem zei: 'Nou... dat maak je zeker niet vaak mee... een Rolls?' Waarop het antwoord van de ANWB-man:
    'Ach, soms twee keer per dag.'

♂ Vandaag is D-day. Na bijna een jaar mezelf het schompes gewerkt te hebben om de clusteruitgeverij tot een succes te maken, is vandaag het keerpunt aangebroken. De samenwerking met mijn zakenpartner bracht mij niet wat ik ervan had verwacht. Zoals huwelijken kunnen stranden kunnen ook zakelijke relaties fout lopen. Ik start dus een eigen clusteruitgeverij. Vanochtend heb ik de klanten geïnformeerd en op mijn andere scherm zie ik de ene na de andere e-mail opploppen van klanten die willen overstappen. Welgeteld zijn het er nu veertien, en dat binnen een paar uur. Nog 36 klanten te gaan. Met Eva heb ik deze move al doorgenomen en ze stapt ook over. Ze is een topwijfie. Leuk om de berichten van overstappende klanten te lezen die allen in de trant zijn van 'Gefeliciteerd Han! Uiteraard stap ik over, onze zeer prettige samenwerking wil ik graag voortzetten.' Het doet mij goed en ik ben blij dat ik weer op eigen benen sta, en mijn uitkering kan opzeggen. Het betekent niet dat ik de zakenpartner als een baksteen laat vallen, want dat ligt niet in mijn aard en als het aan mij ligt blijf ik voorlopig gewoon aan zijn uitgeverij verbonden, maar ondertussen trek ik de tent dus wel leeg. Dat dan weer wel. De partner nam mijn beslissing grootmoedig op. Hij heeft totaal geen kaas gegeten van de ingewikkelde structuren rondom de verkoop en distributie van boeken en e-boeken via het Centraal Boekhuis. Hij sputtert nu over de jaarcontracten die zijn afgesloten met klanten die één jaar vooruit hebben betaald. Dat die tussentijds niet kunnen worden opgezegd. Maar aan die contracten kleven nog kosten die ik voor de resterende looptijden over wil nemen, die anders op zijn bordje vallen zonder dat daar inkomsten tegenover staan, want die zijn al tussen hem en mij verdeeld.

Op mijn achtste heeft mijn vader mij leren schaken en daar ben ik hem nog steeds dankbaar voor, want het heeft mijn analytische denkvermogen gevormd. Oorzaak, gevolg en meerdere stappen vooruitdenken, het zit allemaal in het koningsspel. Ook het leren

63

schaken zou een verplicht vak op alle scholen moeten zijn. Nu schaak ik nog regelmatig met mijn vader en steevast vraag ik hem of er de afgelopen week nog velden zijn bijgekomen. Schaken is nu ook wat ik doe met Eva, al zal zij wellicht niet ervaren dat ze wordt geschaakt. Ik maak me wel zorgen want het spel staat al een paar dagen op *on-hold*. Ik besluit haar te bellen om wat zakelijke dingetjes door te nemen en ik prijs me gelukkig dat ik haar stem weer hoor. Ze heeft het druk met van alles en baalt dat ze er nog niet aan toe is gekomen om mij een nieuw verhaal te sturen, als ik daar tussendoor naar informeer.

'Kom op Eva! Ik verveel me de hele dag kapot en zit op een verhaal van je te wachten,' terwijl ze weet dat ik tot over mijn oren in het werk zit. Ze lacht uitbundig en belooft me vandaag nog iets toe te mailen. Wat een heerlijke lach!

♀ Han belde me net met een of andere smoes. Hij vroeg allerlei dingen op zakelijk gebied en informeerde zogenaamd tussen neus en lippen door of er vandaag nog een verhaal van mij kwam. Ja, ja, Han, ik kom er al aan.

'Hier dan eindelijk weer een verhaal van mij: Als puber heb je het maar zwaar. Je moet je tegen zo'n beetje alles afzetten. Het is nog een hele klus om 'stoer' te doen en je hormonen doen rare dingen met je. Op zich viel het bij mij allemaal wel mee. Mijn ouders lieten me erg vrij, dus van afzetten was niet echt sprake. Maar toch voelde ik soms schaamte. Zodra iets ook maar een beetje afweek van 'normaal' keek ik snel de andere kant op.

Op een dag was ik aan het winkelen met mijn ouders. Dit deden we elke week en nog steeds beleefde ik hier veel plezier aan. Wat ik helemaal leuk aan dit winkelen vond, was het feit dat mijn vader altijd lekker eten kocht zoals kaassoufflés en chocola. De puisten schoten spontaan tevoorschijn, maar dat belette mij niet om al dat lekkers op te smikkelen.

Zo ook deze dag. Mijn vader kocht een Bounty, zo'n heerlijke chocoladereep met kokos erin. In de verpakking zaten twee halve repen en zoals altijd bood mijn vader me een helft aan. Snel pakte ik die aan en propte mijn deel naar binnen. Mijn vader ging ondertussen op onze motorkap zitten en deed zijn helft in één keer in zijn mond. Het ene moment zag ik hem nog kauwen, het volgende moment liep hij rood aan en keek hij in paniek om zich heen. Een paar seconden lang ontmoetten zijn ogen de mijne en hij wees hysterisch naar zijn rug. Snel keek ik ook om me heen. Dat mijn vader aan het stikken was, was duidelijk, maar aan de overkant van de straat stond ook een jongen van mijn leeftijd naar me te kijken. Snel deed ik alsof ik mijn vader niet zag. Het is vreselijk om toe te geven, maar ik schaamde me behoorlijk voor zijn gedrag (wat vrij normaal is als er een halve Bounty in je keel vastzit, maar dat terzijde).

Vanuit mijn ooghoeken bleef ik mijn vader in de gaten houden. Ooit moest de Bounty toch wel loskomen? Inmiddels begon ik me toch wat zorgen te maken. Hij maakte vreemde geluiden alsof het een lieve lust was en zijn gezicht was van rood naar paars overgegaan. Nog een paar keer gebaarde hij paniekerig naar me, maar ik keek nonchalant om me heen, alsof het drama dat zich naast me voltrok er niet was.

Mijn vader besloot het heft in eigen handen te nemen. Ineens zag ik hem een aanloopje nemen. Hij zette zich af en liet met volle vaart zijn middenrif op de zijkant van de auto terechtkomen. Blijkbaar werkte dit niet geheel, want ik heb hem dit nog drie keer zien herhalen, zonder enig succes. De seconden begonnen duidelijk te tellen en ik raakte nu toch ook wel een beetje in paniek. Dit ging duidelijk niet werken. Mijn vader besefte dit ook en besloot de greep van Heimlich op zichzelf toe te passen. Het zag er wat vreemd uit, maar na een paar flinke duwen zag ik ineens een halve Bounty voorbij vliegen en nam mijn vader een flinke teug adem.

Toen hij zich enigszins hersteld had, werd hij (nogal begrijpelijk) boos.

'Laat je me nou gewoon stikken?!' riep hij naar me.

'Stikken? Jeetje, pap, hoe krijg je dat dan voor elkaar? Ik zag niets, hoor,' zei ik, terwijl ik onschuldige ogen probeerde op te zetten.

'Er zat een halve Bounty in mijn keel en...'

'Een halve?! Jeetje, wat moet je geschrokken zijn!'

Mijn vader besloot het spel mee te spelen.

'Het was zeker schrikken. Maar ik heb mezelf gered, dus eigenlijk ben ik een held. Gelukkig maar dat jij niets gezien hebt, anders was jij de held geweest,' zei hij.

'Nou inderdaad, ik vind het knap hoor. Maar weet je zeker dat je echt stikte, of was het een keer hoesten en klaar?'

Trots als een pauw vertelde mijn vader het hele verhaal en met de seconde zakte mijn schuldgevoel. Ik had hem maar mooi trots gemaakt en over mijn aandeel zou hij nooit spreken, want jezelf als held neerzetten is veel leuker.

Dat laatste was dus verkeerd gedacht. Elke verjaardag werd dit verhaal verteld door mijn vader. Maar dan niet de versie waarin hij de held was. In geuren en kleuren vertelde hij hoe zijn puberdochter zich schaamde voor haar stikkende vader en daarom stoïcijns om zich heen bleef kijken alsof ze niets doorhad. Pas daarna kwam zijn eigen aandeel in het verhaal naar voren. Zijn wraak was zo zoet als een Bounty.'

'Wat een vreemd verhaal, Eva, dat je je vader niet te hulp schoot, maar zoals je stelde; de pubertijd is een verwarrende periode. Ik geef er een 8 voor.

Mijn vader had dus elf judoscholen in Noord-Brabant en Zeeland. Hij was op zijn zestiende op judo gegaan, nadat hij als getalenteerde voetballer steeds over de bal schoot, als gevolg van een ongeval aan zijn rechteroog.

Op zijn werk, als elektricien, sprong er een metalen splinter van een rawlplugboor af. Recht in zijn oog. Zo was hij op jonge leeftijd half blind geraakt. Voetballen zat er toen voor hem niet meer in. Vandaar judo, met groot succes. Hij was als teamlid Nederlands kampioen in 1958 en judode vijf keer tegen de oppermachtige Anton Geesink. Normaal stonden tegenstanders niet langer dan tien seconden met Geesink op de mat. Pa hield het eens bijna vijf minuten tegen hem uit, maar verloor op een half punt.

Als achtjarig jongetje bezorgde dat oog van hem mij een levenslang trauma. Het was nooit verwijderd, en het begon te rotten. Hij moest aan een kunstoog en liep na de operatie met een piratenlapje rond.

In die periode was ik op zaterdagochtend een van zijn pupillen in zijn Bredase judoschool. Zijn oog moest om het halfuur worden gedruppeld. Een taak die mij was toebedacht. Hij ging dan op zijn rug op de judomat liggen en verschoof zijn lapje. Met mijn frêle duim en wijsvinger trok ik zijn oogkas open en met een pipet druppelde ik een medicijn in de bloeddoorlopen, vlezige wond.

Ik krijg er nog steeds de kriebels van.'

♀ Arme jongen. Ik denk in beelden en zie hét oog helaas in geuren en kleuren voor me. Het is tijd om Han een koekje van eigen deeg te geven. Hopelijk is hij ook een visueel denker.

'Brrr, ik heb dus een soort fobie als het om ogen gaat. Ik raak compleet in paniek als iemand met een voorwerp in de buurt van mijn kijkers komt. Ze noemen dit ook wel oogschuw, geloof ik. Ooit moest ik zelf oogdruppels, wat een crime was dat... Ik geef dan ook een 8, want dit is met recht je kind opzadelen met een jeugdtrauma.

Over rotten en fobieën gesproken:
    Het overlijden van een huisdier gaat me altijd aan het hart. Tranen met tuiten huil ik om de verloren dieren die van mij heen zijn gegaan. Het zijn er ook nogal wat, omdat ik de neiging heb om ze te verzamelen. De meeste van hen hebben een waardige begrafenis in de achtertuin gekregen. Inclusief een minuut stilte om ze te herdenken.

Je voelt hem vast al aankomen, maar ik heb inmiddels ook wat rare dingen meegemaakt op dit gebied. Zo had ik ooit een krab genaamd Edward Scissorhands. In de winkel vielen deze koddige diertjes mij meteen op en ik moest en zou er eentje mee naar huis nemen. Na de nodige informatie ingewonnen te hebben bleek het ook haalbaar voor mij te zijn. Opgetogen liep ik met het plastic zakje waar hij in dreef naar huis.
    Zoals het hoort liet ik hem eerst met het zakje en al in het aquarium wennen. Op internet vertelde ik ondertussen aan iedereen die het maar wilde horen dat ik een huisdier rijker was, tot iemand mij vertelde dat ze krabben op spinnen vindt lijken. Inmiddels was ik toch wat angstig en liep ik naar het zakje toe om te kijken of ik de vergelijking zelf ook zou zien. Helaas bleek dit het geval en laat ik nu doodsbang zijn voor spinnen. Mijn vreugde sloeg plotsklaps om in angst. Hoe moest ik dit diertje uit zijn zakje halen?

Met het zweet op mijn rug zag ik de minuten wegtikken op de klok tot het zover was. Ik probeerde eerst de knoop uit het zakje te halen, maar die zat zo strak dat ik hem met geen mogelijkheid eruit kreeg. Er zat niets anders op dan een scheur in het zakje te maken en het geheel daarna om te keren zodat de krab eruit zou vallen. Na veel gegil en hysterische bewegingen is het me dan toch gelukt. Edward rende vrolijk door mijn aquarium.

Op een dag kwam mijn man thuis na een dag werken. Zoals altijd wilde hij eerst Edward gedag zeggen. Inmiddels was dat een vast ritueel geworden in ons gezin. Terwijl hij voor het aquarium stond bleef de groet uit en ik kreeg een naar voorgevoel.

Toen mijn man zich omdraaide zag ik meteen hoe laat het was, zijn ogen stonden vol tranen.

De eens rood met zwarte Edward was helemaal vaal geworden en zat dood op zijn geliefde plantje. Huilend vielen we elkaar in de armen om dit verdriet gezamenlijk te verwerken.

Nadat we uit gesnikt waren werd het tijd voor actie. Mijn man zocht naar een doosje om hem in te doen, terwijl ik de klep van het aquarium alvast opendeed.

Plots bleef mijn hart stilstaan. Er had een wonder plaatsgevonden. Tot mijn verbazing zag ik een Edward de tweede vrolijk met zijn schaartjes naar me zwaaien.

Compleet verbijsterd lichtte ik mijn man in. Zou hij zwanger zijn geweest? Was onze Edward toch een vrouw geweest? Zou onze krab onbevlekt ontvangen zijn?

Ik besloot mijn vriend Google eens te raadplegen. Daar las ik dat krabben net als een slang hun oude velletje eens in de zoveel tijd van zich af werpen om te groeien. Dat hadden ze me niet verteld in de dierenwinkel. Inmiddels stroomden er weer tranen over mijn wangen. Ditmaal van geluk. Onze Edward leefde nog.

Toen Edward al lang en breed begraven was en ik mijn man de deur uit had gezet, had ik een nieuw diertje in mijn aquarium. Ditmaal Terra de schildpad. Urenlang kon ik naar haar kijken en soms mocht ze even op mijn schoot zitten. Mijn liefde voor dit diertje was groot.

Ik had Terra ongeveer twee maanden toen ik haar op een dag zag drijven in het water. Dat deed ze wel vaker en ik noemde dat gekscherend 'haar Dode-Zee-move'. Later op de avond keek ik weer en zag dat ze nog geen centimeter bewogen had. Ik begon toch een klein beetje te doemdenken.

Snel deed ik de klep open en gaf haar een zetje. In plaats van te zwemmen zag ik haar zo tegen de zijkant van mijn aquarium aan knallen.

Met het voorval van Edward nog vers in mijn geheugen besloot ik op internet te kijken. Daar las ik dat waterschildpadden soms een winterslaap houden. Opgelucht volgde ik de instructies en zette haar op een warme steen om een heerlijk slaapje te houden. Zoals voorgeschreven maakte ik haar elke dag een beetje nat zodat ze niet uit zou drogen. Stiekem rook ik ook altijd even in het aquarium, maar geen enkele keer rook ik een rotte geur.

Toen ik ervan overtuigd was dat ze echt een winterslaap hield had ik een vriendin op bezoek. Ik kende haar al een tijdje via internet en dit was de eerste keer dat we elkaar zouden ontmoeten. Zij wist van mijn liefde voor Terra en trots wilde ik haar pakken zodat mijn vriendin haar goed kon bekijken. Ondertussen was ik druk aan het praten over Terra totdat ik midden in mijn zin al kokhalzend naar Terra keek. Waar eens haar ogen hadden gezeten keken nu twee rotte gaten me aan. Vol walging liet ik Terra terugvallen in het aquarium. Ik zat al maanden met een rottende schildpad in huis.'

♂ Ze is productief vandaag, want nu komt ze met een snelle beoordeling en een nieuw verhaal. Ik schijn haar aan het gruwelen gebracht te hebben. Mooi. Ik kan dan ook als het moet bloedstollend schrijven. Kijk maar *bloedstollend*. Zo grappig zoals onze verhalen in elkaar overlopen. Ik pak even door met een huisdierverhaal, maar moet toch eens langzaam over zien te stappen op iets meer pikants.

'Je kan ook bloedstollend schrijven, Eva. Een 9 vanwege de mooi beschreven emotie en dan die rottende ogen. In de categorie Schildpad, hier mijn verhaal.

Huisdieren beklijven niet bij mij. Mijn vader kwam, toen ik een jaar of tien was, met een schildpad aanzetten. Ik had er niet om gevraagd en ineens zat hij daar in een grote doos. Er zat niet veel beweging in. Ik had er een krop sla naast gelegd, die veel groter was dan de schildpad zelf. Ik legde wat slablaadjes voor de ingang van zijn schild, waarlangs hij zich spaarzaam liet zien. Ik was bezorgd en bedacht dat hij natuurlijk heimwee had en in een voor hem totaal onbekende omgeving terecht was gekomen.

Ik pakte mijn fiets, bond hem onder de snelbinders van mijn bagagedrager en reed hem de wijk rond, dan wist hij in ieder geval waar hij was. Bij de stoepranden stapte ik af om het niet al te schokkend te laten verlopen. Twee dagen laten was hij dood. Hij ligt nog begraven naast het huis.'

♀ Ik zat erover te denken om een schildpad voor mijn zoon te kopen. Voor de zekerheid doe ik het toch maar niet...

'Wat erg! Ik zie het al helemaal voor me hoe je als onschuldig jongetje denkt de schildpad een plezier te doen. De gedachte achter dit voorval is ontroerend. De afloop ook, maar dan op een andere manier. Een 8,5.

Ik heb van die nachten dat ik slaapwandel. De volgende dag weet ik er zelf niets meer van. Gelukkig maar, want ik schijn nogal wartaal uit te slaan op deze momenten.

Een paar jaar geleden heb ik in een studentenhuis gewoond samen met mijn toenmalige vriend. Ondanks alle verschillende persoonlijkheden in huis hadden we het goed met elkaar.

Wat scheelde was dat onze beste vriend er ook woonde. Avond na avond speelden we spelletjes of gingen we uit. Werken en studeren deden we zeer sporadisch, zoals bij een echt studentenleven hoort.

Op een dag kwam ik stomtoevallig wél uit mijn werk. Ik had besloten mijn gezicht weer eens te laten zien en geld te verdienen. Het bier dat ik avond na avond dronk was immers niet gratis en liep helaas niet uit de kraan.

Onderweg naar huis kwam ik een huisgenote tegen. Ik besloot een stukje met haar mee te lopen.

'Slaapwandel jij weleens?' vroeg ze me.

Ik dacht koortsachtig na en schudde van nee. Heel even was ik vergeten dat ik het in het verleden wel vaak had gedaan. Ze vroeg niet door en ik dacht er niet meer over na.

Thuis trokken we snel het eerste welverdiende biertje open. Zo'n dag werken hakt er nou eenmaal in. Langzaam druppelden al onze huisgenoten binnen van hun dag vol verplichtingen.

Onder het eten kwam voor de tweede keer die dag een soortgelijke vraag.

'Was jij vannacht in mijn kamer?' vroeg mijn beste vriend.

Ik begon me nu toch wel zorgen te maken en vroeg hem waarom hij dat wilde weten, aangezien ik van niets wist.

'Oh, dan heb ik het vast gedroomd. Wel jammer.'

'Dat was geen droom, want ze was vannacht ook op mijn kamer,' zei de huisgenote.

Ik raakte er ondertussen meer en meer van overtuigd dat ze me in de maling zaten te nemen.

'Ik wilde het niet aan je vertellen, daarom vroeg ik via een omweg of je weleens slaapwandelt. Ik wilde je namelijk niet in verlegenheid brengen,' ratelde ze door.

Ik begon me nu toch wel lichtelijk zorgen te maken en vroeg wat er in vredesnaam gebeurd was.

'Nou, het punt is, dat je ons vannacht allemaal bezocht hebt. Poedelnaakt wel te verstaan.'

Om de beurt keken ze me glunderend aan. Bij mij schoot het schaamrood met de snelheid van het licht naar mijn wangen.

Ineens kwam de herinnering in volle vaart bij me terug. Die nacht had ik gedroomd dat ik poedelnaakt in het openbaar had gelopen. Bij het ochtendgloren had ik deze droom snel verdrongen. Blijkbaar was het helemaal geen droom geweest en was ik nu in een wel heel gênante werkelijkheid beland. Maandenlang heb ik het verhaal over mijn bezoek van die nacht moeten aanhoren.

Sindsdien slaap ik nooit meer zonder minimaal een onderbroek en T-shirt aan.'

♂ Kijk nu komen we ergens. Ze slaapt dus niet naakt, voor zo lang dat duurt natuurlijk. Ik wel, maar eigenlijk pas sinds mijn tweede huwelijk, toen ik van de ene op de andere dag me ook nat ging scheren en olijven plots heel lekker vond. Het wordt nu echt tijd dat ik wat doortastender word.

'Leuk verhaal Eva,

Enne... je slaapt dus niet naakt. Een 7,5. Voor mijn volgende verhaal heb ik wat meer tijd nodig. Het zal morgen jouw kant opkomen.'

'Haha, nee, ik slaap niet meer gekleed hoor, maar wel als hier vrienden blijven slapen. Laatst bleef één van mijn auteurs overnachten, we hadden mijn dertigste verjaardag nogal goed gevierd en toen heb ik dus netjes een pyjama aangedaan. Dit overkomt me niet weer. Ik zie je verhaal graag tegemoet.'

♂ Zo dat is dus ook opgelost, als gekleed slapen al een probleem zou zijn. In werkelijkheid heb ik mijn volgende verhaal al lang liggen, maar ik ben doodop. Vandaag veel gebakkeleid met de zakenpartner van wie de klanten nu een-voor-een overstappen. Pas diep in de nacht heb ik per e-mail eindelijk consensus met hem bereikt, waarmee we beiden kunnen leven.

Tussendoor rolde er een zeer lovende recensie binnen over mijn derde boek *Occupy De Nieuwe WereldOrde*. De strekking was dat het door de recensent als een meesterlijk boek was ervaren. Door een andere criticus is het al een 'epos van formaat' genoemd, dus ik zal wel op de goede weg zitten. Vooralsnog blijven bijbehorende verkoopresultaten echter uit. Het zal wel een keer goed komen, maar wanneer! Het is niet te forceren en wellicht moet ik wachten op een vernietigende recensie. Kluun heeft er bij zijn *Komt een vrouw bij de dokter* immers veel aan gehad.

Omdat ik een armlastige schrijver ben, heb ik mijn 'schrijftalent' aangewend om erotische verhalen te schrijven, die ik wil bundelen. Verhaaltjes voor het slapen gaan, in pyjama of niet, maar waarschijnlijk zonder. Seks verkoopt tenslotte en Heere Heeresma heeft met erotische literatuur het gapende gat overbrugd tussen volstrekt onbekend tot een gevierde schrijver. Uiteraard schrijf ik erotiek onder pseudoniem. Moeilijk is het in ieder geval niet. Oké, daar gaat ie.

'Hoi Eva,

Je weet dat ik een armlastige schrijver ben, met potentie. Zal wel, maar daar koop ik geen boterhammen voor. In ieder geval nog niet, om over beleg nog maar niet te spreken. Enfin, om de kas wat te spekken heb ik een serie erotische verhalen geschreven, die ik onder pseudoniem wil publiceren. Ik bevind me in goed gezelschap, want ik doe niet anders dan Heere Heeresma aan het begin van zijn schrijverscarrière deed.

Volgens mij heb ik de goede toon te pakken, maar ik wil je als professional vragen wat je er van vindt. Ik probeer te schrijven voor de lezeres. Niet voor de mannelijke lezer, want platte porno is er in overvloed. Ben benieuwd naar jouw mening. Ik dien het tevens als verhaal bij je in. Komt ie:

Haastig stak ze de sleutel in het slot om de schuifdeur van haar appartementencomplex te openen. Er stond een man bij de enige lift en als hij die zou nemen zonder haar, zou ze moeten wachten. Ze versnelde haar pas om de lift te halen, waarvan de deur al open stond. Haar punthakjes roffelden op de stenen vloer en net voordat ze de bocht nam zwikte ze bijna onderuit. Het had niet gehoeven, want de man hield charmant de liftdeur voor haar open. 'Kan ik u een lift aanbieden?' vroeg de man, die zij als schrijver herkende. Onlangs had hij nog met een groot artikel in het plaatselijke dagblad gestaan.

'Bedankt,' antwoordde ze lachend op zijn vraag. Ze had het artikel met veel belangstelling gelezen over zijn nieuwe boek en de journalist had mooi uitgepakt over zijn achtergrond als auteur. Het had haar aangesproken en even was het in haar opgekomen het boek aan te schaffen, maar het was er niet van gekomen. Wel had ze hem even gegoogled, omdat ze hem herkende als een van haar medebewoners. Op welke verdieping wist ze niet, maar dat werd haar nu duidelijk toen ze het getal 7 in het bedieningspaneel zag branden. Ze tipte de 10 aan, waarvan het lampje al sinds tijden kapot was. Hij had een leuke opmerking gemaakt, dus loog ze als weerwoord dat ze zo veel bezoek kreeg dat daarom het lampje kapot was gegaan. Even overwoog ze hem over het artikel aan te spreken, maar liet dat achterwege toen hij over het weer begon, zoals gebruikelijk is als liftconversatie.

'Ik denk dat Pippofeef naar zijn kerstpakket kan fluiten', grapte de schrijver. Jezus, dacht ze; het humorgehalte ligt wel hoog, nog 5 verdiepingen te gaan. Als zijn boeken ook zo leuk waren, dan zou ze er wellicht toch een van hem aanschaffen. Een korte stilte. Nog 2 verdiepingen te gaan. Te kort om hem over zijn schrijverschap aan te spreken en ze liet het er maar bij. De liftdeur sprong op de 7de open. Nadat hij haar een prettige avond had gewenst, waarop ze instemmend had geknikt, perste ze er in zijn voorbijgaan nog een opmerking uit.

'Het weer is maar betrekkelijk.'

Hij liep achteruit toen de deur al weer sloot en zei: 'Het weer bestaat niet. Het is wat wij ervan vinden.' Ze zag hem nog net omdraaien en naar zijn voordeur lopen.

In haar appartement schopte ze haar pumps uit in de hoek van haar woonkamer, boven op de stapel waarvan ze wist dat ze daar de volgende ochtend weer een onmogelijke keuze uit moest maken. Alle hakjes hadden dezelfde lengte, zodat haar billen het best tot hun recht kwamen. Het had haar al vaak gered. Die middag nog, toen ze een boze klant aan de balie kreeg. Hij had vage klachten over een bankafschrift dat niet klopte en wilde na allerlei aantijgingen de hoogste baas spreken.

'Ik zal even voor u informeren of hij aanwezig is,' had ze gezegd en zich omgedraaid. Bevallig was ze naar het achterste deel van het bankfiliaal gelopen en ze voelde dat zijn blikken op haar achterste waren gepind. Ze nam een deur waarvan voor de balie het opschrift niet te lezen was. In de wc bekeek ze zich aandachtig in de spiegel. Ze tuitte haar lippen, controleerde of haar kapsel nog goed zat en nam nog eens op haar gemak een slokje water. Ze keerde terug naar de klant, van wie de woede inmiddels als onverklaarbaar, was gezakt.

'Sorry, hij is niet aanwezig, maar laten we uw afschrift nog eens doornemen. Er is vast wel een logische verklaring voor de volgens u onterechte afschrijving.'

Het mysterie was vervolgens snel opgelost en de klant verliet tevreden het gebouw. Dat ze hem tijdens haar uitleg voorovergebogen een blik had gegund tussen haar borsten, gebruikte ze als toegift. Haar vrouwelijke collega beschikte niet over haar charme. Ze liep op platte zolen en knoopte steevast haar blouse dicht tot de hoogte knoop. Die stond dan ook regelmatig in de wc te janken.

Het liftcontact met de schrijver liet haar niet los en nogmaals las ze online het artikel in de krant en bestudeerde zijn website, waarop alle bestelmogelijkheden waren aangegeven. Je kon ook rechtstreeks bij de schrijver zelf bestellen. Dat laatste zag ze wel zitten en ze besloot bij hem aan te bellen en een boek bij hem te kopen. Ze wilde meer over de man te weten komen, die ze interessant en geestig vond. Ze schonk zichzelf een glas rode wijn in, dronk zich moed in en overdacht haar toenadering, om niet veel later zuchtend een ander paar naaldhakjes uit te zoeken.

Zijn deurbel klonk schel door de galerij, waarna zijn deur openzwaaide en ze haar voorgenomen openingszin met bonzend hart wilde spuien. Hij was haar voor.

'Zo, bent u daar weer?' Hij was nog niet uit zijn rol gevallen.
'Ja, sorry ik wilde u er in de lift niet op aanspreken, maar ik heb het artikel over u gelezen en ik ben geïnteresseerd een boek te kopen, kan dat?'

Met een betoverende glimlach kreeg ze zijn uitbundige reactie dat dit natuurlijk mogelijk was en hij nodigde haar uit binnen te komen.

Zijn appartement bood uitzicht op het parkeerterrein bij het tegenovergelegen winkelcentrum. Een view die zij vanuit haar woning niet had. 'Zo dit is weer eens een heel ander uitzicht,' brak ze het ijs, terwijl ze de woning zo goed mogelijk in haar opnam. Geen plantje te zien en een beetje rommelig, was haar eerste indruk. In ieder geval geen spoor van de aanwezigheid van een vrouw en precies zoals ze zich het huis van een schrijver had voorgesteld. Op zijn bureau aan het raam stond zijn computer, waarin vele bestanden openstonden, daarnaast een halve fles wijn en een gevuld glas.

'Mag ik u wat te drinken aanbieden?' vroeg hij galant. 'Ja, graag een glas wijn. Ik zie dat u al een fles open heeft staan.'

'Tja, zonder drank is het schrijversbestaan maar een saaie bedoening.'

Ook dat was zoals ze had verwacht. Het karige en drankvolle bestaan van een schrijver die nog niet was doorgebroken. Hij bood haar een stoel aan bij zijn schrijftafel en schonk haar een glas in. Ondertussen nam ze hem goed op. Uit de krant wist ze dat hij net de vijftig was gepasseerd en dus tien jaar ouder was dan zijzelf. Dat was echter niet aan hem af te lezen. Hij had iets jeugdigs over zich, als een eeuwige kwajongen, die je alles wilt vergeven. Nadat ze elkaars voornamen hadden uitgewisseld en afspraken elkaar niet verder met 'u' aan te spreken haalde hij uit zijn boekenkast zijn 5 boeken, die hij voor haar op het tafelblad rangschikte. Hij vertelde honderduit over zijn werk en zij stelde hem evenveel vragen. De glazen werden keer op keer gevuld. De sfeer werd losser, een proces dat zich ook in haar hoofd afspeelde.

'Voor de chronologie is het aardig als je mijn eerste boek leest,' zei hij en schoof haar het boek toe. In plaats van het boek van hem aan te nemen legde ze haar hand op de zijne en liet merken dat dit niet per ongeluk was. Even leek de schrijver uit het veld geslagen, alsof hij dit niet had verwacht. Ze trok zijn hand naar zich toe en drukte die tegen haar rechter borst. Zijn vingers beroerden door haar blouse haar opkomende tepel, waarbij ze elkaar recht in de ogen keken. Ze kreunde bijna onhoorbaar en drukte haar borst verder vooruit. Meer aanmoediging had de schrijver niet nodig en een stevige vrijpartij volgde. Uren later namen ze aan de deur afscheid.

'Wanneer zie ik je weer?' vroeg hij.'

Tot zover, Eva. Ik zit in deze verhalen te klooien met de expliciete seks. Dat kan ik natuurlijk nog veel verder uitbouwen, maar dan wordt het goedkoop, lijkt me. Of zou jij dat wel uitdiepen. Ben benieuwd wat je vindt.

♂ Dit erotische verhaal schreef ik in een uurtje en de geoefende lezer heeft wel in de gaten dat het bewust is geschreven vanuit de man, die geen idee heeft hoe de erotische verlangens van vrouwen werken. Daar heb ik natuurlijk wel een voorstelling van, al nemen vrouwen in bijvoorbeeld Amerika veel meer initiatief op seksueel gebied dan de vrouwen in Nederland en steeds meer vrouwen kijken naar porno, al vinden ze meer bevrediging in de softere variant. Alles in mijn erotische verhaal is waar op die vrouw na. Zelfs het lampje van de 10de verdieping in mijn lift is kapot. Omdat Eva nog steeds niet heeft gereageerd op mijn Lake-Tahoe-verhaal, besef ik dat ik met dat verhaal een blunder heb begaan. Je scoort geen punten als je naar de hoeren bent geweest, ook al was dat slechts éénmalig. Ik ben dan ook benieuwd of ze op mijn laatste verhaal reageert. Mijn bedoeling was om haar uit de tent te lokken, zodat ze hopelijk iets van haar eigen erotische gevoelens zal prijsgeven. Daarvoor heb ik de voorzet ruimschoots gegeven. Mijn verhaal over dat triootje was ook behoorlijk waardeloos. Evenals de ervaring zelf overigens. Voor mij is het de meest overschatte fantasie. De seks vooraf en achteraf waren goddelijk, maar met z'n drieën in bed was

79

toch wat te druk voor mij. Een beetje voelen bij het derde wiel aan de wagen. Meer was het niet.

♀ Een man die licht erotische, niet platte verhalen schrijft? Eerst zien, dan geloven. Er zit potentie in dit verhaal. Zou hij dan toch een zachte kant hebben? Een kant die zijn lust een beetje in toom houdt en laat zien dat hij zowaar ook aan ons vrouwen denkt? Ik heb een dubbel gevoel bij hem. Aan de ene kant zijn verhalen over platte seks met prostituees en triootjes en dan deze kant.

Hm, wellicht schuilt er meer in hem dan ik dacht.

Hij heeft mij inmiddels voor de tweede maal per mail gevraagd hoe ik over zijn verhaal denk. Hij vraagt er wel op een bijzondere manier aandacht voor, zeurderig haast. Eigenlijk heb ik er geen zin in, maar toch laat het verhaal me niet los. Zou ik onbewust last hebben van het wij-kunnen-mannen-wel-veranderen-syndroom? Een syndroom waarvan ik allang weet dat het geen enkel nut heeft omdat je een man niet kunt veranderen? Of is het de aard van het beestje? Ik heb altijd de neiging om verhalen te verbeteren als iemand om mijn mening vraagt. Ik heb lang getwijfeld of ik op zijn mail met de vraag om verbetertips zal reageren. Of zou hij... Nee, dat kan echt niet. Ik ben ruim twintig jaar jonger! Ik zie spoken, dat kan niet anders.

Eens zien hoe hij over mij denkt nadat ik mijn eisenpakket kenbaar heb gemaakt.

'Toevallig een beetje autobiografisch, Han?
    Het geraamte is al goed, maar nog iets te duidelijk door een man geschreven. Zo belandt ze wel erg snel in een vrijpartij met de schrijver. Ik zou hier de spanning juist meer opbouwen. Laat ze eerst eens een glas wijn drinken, meer over zichzelf vertellen aan elkaar.
    In het begin zou ik haar ook wat meer zenuwachtig laten zijn. En dan worden ze steeds amicaler, losser door de drank. En maak

hierin meer gebruik van dialogen. Ook zou ik haar niet het initiatief laten nemen, maar hem. Na een tijdje hebben ze elkaar meer verteld dan ooit, bijvoorbeeld. Dan pakt ze zijn boeken één voor één op en bij de middelste (ik noem maar wat) legt hij zijn hand op de hare en doet alsof hij het boek wil pakken.

Vanaf dat moment kan zij haar aandacht moeilijk bij het gesprek houden, want tijdens de aanraking ging er een siddering door haar lijf. Hij blijft haar strak aankijken, terwijl hij praat, en dan legt hij het boek weg, loopt naar haar toe en zoent haar zachtjes op haar lippen.

Vrouwen willen graag een spanningsopbouw zien, niet meteen pats boem seks. Door de spanning meer op te bouwen, heb je een goed verhaal te pakken. Hieronder heb ik er overigens weer een voor jou, want door jouw verhaal moest ik ineens denken aan een verhaal dat ik ooit geschreven heb en waarmee ik derde ben geworden bij een schrijfwedstrijd. Ik heb een tijdje op datingsites gezeten en werd daar zo flauw van, dat ik besloot een contactadvertentie te schrijven.

Gezocht: een man, liefst niet ouder dan zevenendertig en niet jonger dan achtentwintig.

Niet te dun of te dik. Ook geen gigantische spierbundel, maar liever ook niet te veel kwabbetjes.

Humor vind ik erg belangrijk, al heb ik hier wel een paar eisen aan. Sarcastische humor is een pre, ironisch mag ook nog, zelfspot zou geweldig zijn. Ben je zo iemand die vooral om zijn eigen grappen lacht waarbij de rest je maar vreemd aankijkt, dan zoek ik jou niet.

Ik wil graag dat je weet wat je wilt in het leven. Wat dat is maakt me niet uit, zolang je maar ergens voor gaat. Een passie hebt. Alhoewel, ik heb daar toch wel wat eisen aan. Als jouw passie het in en uit elkaar zetten van lego-poppen is, mag je deze advertentie ook meteen wegleggen. Het moet wel ergens over gaan natuurlijk.

81

Graag zou ik willen dat je weet wat Stonehenge is. Ooit heb ik een date gehad met iemand die niet wist wat dit was en ben ik hard gillend weggerend.

Je moet van dieren houden. Als ik weer eens een hulpbehoevend diertje mee naar huis neem, omarm jij het diertje met liefde. Je helpt me bij de verzorging en doet dit met plezier. Nooit zal jij een argwanende blik in je ogen hebben als ik de zoveelste meeneem.

Of je rookt of niet, maakt me niet uit, zolang jij niet zeurt over het feit dat ik rook. Dan zet ik je per direct bij het huisvuil.

Naast mij behoud je een eigen zelfstandigheid. Je gaat leuke dingen doen met je vrienden en ik zal daar nooit over zeuren. Mits je het niet elke avond doet. Dan word ik wel wat zeurderig. Maar dat hoef ik jou allemaal niet uit te leggen. Wij snappen dit van elkaar, dat is ook een pre.

Je hebt geluk, want ik heb een broertje dood aan romantiek. Kom je thuis met bloemen, dan moet je niet vreemd opkijken als na een dag hun kopjes al smeken om water en verzorging. Ik ben hier niet goed in en zal dat ook nooit worden. Kom je echter thuis met een weekendje weg, dan wordt dit rijkelijk beloond door mij. Dat soort romantiek waardeer ik dan weer wel.

Ik zoek iemand die spiritueel is. Niet te zweverig graag, wel gewoon met beide benen op de grond. Maar ik wil niet dat jij me uitlacht als ik aankom met mijn verhalen over dit fenomeen. Ik wil hierin wel een bepaalde diepgang. Dus geen gezwets over geesten, maar echte spiritualiteit.

Aangezien ik van tegenstrijdigheden houd, wil ik dat je niet te lief bent. Er mag zelfs behoorlijk wat pit in jou zitten. Eigenwijze mensen vind ik ook geweldig. Je hebt kans dat ik na een eigenwijze bui van jou mokkend op de bank zit, maar dat gaat over. Ik heb namelijk tegengas nodig en iemand die me dag en nacht de hemel in prijst wordt wat vermoeiend. Daarentegen wil ik wel graag horen dat je me waardeert, me mooi vindt en leuk. Mits je het niet te vaak zegt.

Je moet snappen dat ik soms wat kinderlijk kan zijn. Ik heb rare buien die jij moet respecteren, waarderen en zelfs leuk moet vinden. Een voorbeeld hiervan is dat ik samen met een vriendin hard gillend in een kinderwagen door de stad ben gescheurd. In de speeltuin ben ik zelf het grootste kind. Ben jij iemand die dit ook doet, dan zou dat zelfs geweldig zijn. Op zijn tijd heb ik zulke acties nodig om me even op te laden.

Dat brengt mij meteen op het volgende punt. Ik heb soms mijn rust nodig en een eigen plek. Dan moet ik wederom even opladen en tot mezelf komen. Ik ga dan lezen of dvd's kijken en wens niet gestoord te worden. Doe je dit toch, dan kan het best zijn dat ik wat hard uit de hoek kom. Dat is niet persoonlijk bedoeld.

Jouw schoonmoeder in wording ga je een fantastisch mens vinden. Kun je het niet met mijn moeder vinden dan spijt het me zeer, maar kan het niets worden tussen ons. Zij betekent zo veel voor mij dat niemand tussen ons in kan komen, ook jij niet. Die illusie kun je dus meteen uit je hoofd zetten.

Mac Donalds is mijn walhalla. Eens in de maand neem je me mee. Dat zou ik erg waarderen. Je hoeft niet te kunnen koken. Dat doe ik wel.

Schoonmaken is vaak een heikel punt, dus daar wil ik meteen duidelijk over zijn. Je helpt gewoon mee in het huishouden. Maak je er een bende van, dan ruim je die ook op. Ik stofzuig en jij neemt de afwas voor je rekening. Ik vind dit best een eerlijke deal. Oh ja, ik strijk dus nooit. Dus verwacht geen vrouw die jouw overhemden voor je strijkt. Je kan het me best een keer laten doen, maar schrik niet als je verbrande plekken vindt.

Het lijkt mij fair als we ieder evenveel geld in de maand te besteden hebben om dingen voor onszelf te kunnen kopen. Ik koop gemiddeld voor honderd euro aan boeken in de maand. Hier zeur jij niet over en ik beloof je dat ik dan ook niets over jouw aankopen zal zeggen. Het enige wat er niet in komt zijn de Playboy en meer van dat soort bladen. Hierin ben ik vrij kinderachtig, want jij mag niets zeggen als ik de zoveelste dvd met Josh Holloway koop. Maar laten we wel wezen: Josh heeft nog altijd meer kleding aan dan de gemiddelde dame in zo'n blad.

Voldoe jij aan alle voorgaande punten, dan komt nu het belangrijkste. Het punt waarbij al het voorgaande eigenlijk in het niet valt. Die mag je voor mijn part zelfs meteen vergeten. Het betreft mijn zoon. Jij snapt dat hij mijn grootste liefde is. Niemand kan dat overtreffen. Hij is voor mij zo belangrijk dat ik geen man nodig heb, die heb ik immers al in een heel andere vorm. Een vorm die zoveel beter is dan de liefde tussen twee geliefden. Het is voor mij dan ook erg belangrijk dat jullie het met elkaar kunnen vinden. Dat er wederzijds vertrouwen en begrip is tussen jullie. Als hij zich niet prettig voelt bij jou dan is het meteen over. Hij heeft al een vader, dus een vaderfiguur hoef je niet te worden. Het is alleen belangrijk dat jullie elkaar accepteren. Ik snap best dat dit tijd nodig heeft, maar als het te lang duurt en ik zie dat hij eronder lijdt dan kies ik voor hem en zijn geluk. Zijn geluk stel ik zelfs boven mijn eigen geluk. Mocht je interesse hebben, reageer dan onder nummer 190-563-287.'

♂ Ik weet alles over Stonehenge, zoals ik beschreef in mijn derde boek. Stonehenge was gebouwd als een paskruis herkenbaar vanuit de ruimte en tevens als zonnewijzer, omdat ze anders niet wisten waar ze dat ding moesten neerzetten. Een andersommetje dus. Niet ten dienste van aardbewoners maar voor buitenaardsen.

'Ha Eva, mooie advertentie hoor. Zou die prins op het witte paard echt bestaan? Ik denk het wel. Op de eerste plaats kan ik paardrijden, al is dat al weer een hele tijd geleden. Als ik dan aan kom zetten, zal ik er in ieder geval niet vanaf donderen. Dat is dan al mooi meegenomen. En joepie! Je rookt evenals ik. Ik ben stronteigenwijs, maar dat komt omdat ik het ook gewoon beter weet, haha, echter nooit tegen beter weten in. Samen koken?

84

Even over mijn erotische verhaal. Ik beken dat de erotiek vanuit de vrouw zwaar is onderbelicht. Jij snapt dat veel beter. Zullen we er een coproductie van maken waarin ik het verhaal neerzet en jij de erotiek van de vrouw invult, dan moet je me wel aanwijzingen geven. Dan schrijven we daar samen prachtige boeken over.

Mooi hoor, die band die je met je zoon en je moeder hebt. Ik prijs mezelf ook gelukkig met die van mij met mijn moeder en mij met mijn kinderen. Ik stuur je hierbij een verhaal over wat ik vanochtend meemaakte met mijn moeder. Later vandaag zal ik je nog een aanbevelingsbrief voor mijn zoon sturen die ik schreef. Hij had die nodig voor zijn ontgroening bij zijn studentenvereniging:

'Vanochtend was ik met mijn lieve moeder naar de oogarts. Ze is 79 en verkondigt aan iedereen die het wil weten dat ze 80 is, want dat vindt ze veel stoerder. Ze is een prachtmens en ik hou heel veel van haar. Ze was op van de zenuwen, want een paar maanden geleden had ze een gratis oogtest laten doen in een speciaal ingerichte bus, die stad en land afrijdt. Na de test werd haar gemeld dat ze beginnende staar had. Op zich niet zo verwonderlijk voor een vrouw van haar leeftijd. Daar schrok ze niet van, maar wel dat ze geopereerd diende te worden in het oogziekenhuis te Rotterdam met als uitzwaaier 'Autorijden, zit er dan helaas voor u niet meer in.' Daar was ze dus wel van geschrokken en nerveus voor haar bezoek aan de oogarts vandaag. Enfin, ik zat dus in die wachtkamer, waar wat beduimelde tijdschriften lagen. Alleen damesbladen, want schijnbaar hebben mannen geen last van hun ogen.
Ik bladerde wat verveeld door de Viva en toen ik op de abonnee-werfpagina was beland, schoot me nog een leuk verhaal te binnen.

Ik had een callcenter, gespecialiseerd in abonnementenwerving voor kranten en tijdschriften. Abonnees konden zich via mijn gratis telefoonnummer, De Abonnementenlijn, melden voor opgave van een nieuw abonnement. Een dienstverlening die ik op basis van *no cure, no pay* aan vrijwel alle Nederlandse tijdschriftuitgevers bood. Die vertegenwoordigden bij elkaar zo'n vijfhonderd titels. Een batterij telefonistes nam de telefoon aan. Het was een gouden business, waarmee ik 22 jaar meer dan behoorlijk mijn boterham heb verdiend.

Op een dag meldde zich een nieuwe abonnee aan voor de Viva. Het standaard riedeltje ging van start; 'Natuurlijk mevrouw, ik zal u graag als nieuwe abonnee noteren. Mag ik uw naam- en adresgegevens?' Nadat die waren ingeklopt werd de nieuwe abonnee gevraagd of ze per jaar of per halfjaar wilde betalen. 'Een jaarabonnement graag.' Meteen sprongen alle aanbiedingen van de laatste drie maanden op het scherm van de telefoniste. 'En welk welkomstgeschenk wenst u daarbij te ontvangen?' Stilte aan de andere kant, dus plichtsgetrouw noemde mijn medewerkster de laatste drie aanbiedingen op; 'concertkaartjes, een dekbedovertrek of een staaf...' Ze had 'staafmixer' willen zeggen maar werd door de abonnee onderbroken. 'Ja, die,' klonk het benepen, met haar toevoeging dat ze de laatste Viva voor zich had. Het abonnement werd voor deze vrouw geregeld en hup, naar het volgende telefoongesprek.

Een halfuur later kwam bij ons de laatst verschenen Viva binnen. Die vond gretig aftrek bij onze telefonistes. In het blad stond een nieuw aanbod, dat de uitgever nog niet aan ons had doorgegeven... Een vibrator. Gierend van het lachen stoof de telefoniste mijn kantoor binnen en vertelde van die ene abonnee. Wat ze hiermee aan moest. Zou ze haar terugbellen om te melden dat het verkeerde geschenk was gekozen? Het abonnement was echter inmiddels al doorgeschoten naar de uitgever.

Ik hoop wel dat die abonnee eerst de gebruiksaanwijzing heeft gelezen!

Ik ving mijn moeder op in de wachtkamer toen ze de behandelkamer uit kwam. Haar ogen fonkelden en opgetogen meldde ze dat ze aan de bril moest. De beginnende staar zou haar de komende jaren niet voor problemen stellen! Waarmee maar weer eens is aangetoond hoe verrot de medische zorg in dit land in elkaar steekt. Die graaiende oogartsen in Rotterdam moeten zich kapot schamen dat ze kwakzalvers de weg op sturen, louter en alleen uit eigen gewin.'

♀ Een man die serieus op mijn eisenpakket ingaat en zichzelf nog probeert te verkopen ook? Wat moet ik hier nou van denken... Eerst mijn zogenaamde professionele mening vragen over een erotisch verhaal en nu dit weer. Deze wedstrijd begint steeds gekkere vormen aan te nemen.

Gelukkig gaat zijn nieuwe verhaal voor onze uitdaging over iets heel anders, ook al komt er een vibrator in voor. Ik weet nog goed dat er ooit zoiets als gimmick werd weggegeven bij de Yes. Je kon het op je elektrische tandenborstel zetten en dan zou het geval je eenmalig genot geven. Daarna was het einde oefening.

In die tijd werkte ik in een boekhandel. Ik moet zeggen dat de Yes sowieso al veel verkocht werd, maar deze week was het topdrukte. Jonge vrouwen kwamen massaal naar de winkel. Je had twee groepen. De ene groep deed alsof hun neus bloedde en rekende haast achteloos af. De andere groep liep eerst een paar rondjes in de winkel en keek schuchter om zich heen of er geen bekenden te zien waren. Pas op het moment dat het relatief rustig was in de winkel, renden ze snel naar de kassa om af te rekenen en vroegen ze om een tasje.

Met mijn collega's heb ik die week de grootste lol gehad. En voor vrouwenbladen is dit een enorme opkikker voor de verkoopcijfers. Inmiddels is de Yes ter ziele, maar als ze elke maand zoiets hadden weggegeven, had dat niet hoeven gebeuren.

Ah, ik hoor de pling van mijn mail. Zijn beloofde verhaal komt binnen.

'En hier dan mijn aanbevelingsbrief voor mijn aan de universiteit van Leiden studerende zoon.

Geachte Heeren Leden van de Augustijnse Heeren Civitas Carpe Noctem,

Graag stel ik uw illuster gezelschap Yannik Peeters voor en ik vind het niet meer dan terecht dat u ad fundum uitvogelt hoe deze jongeman van een schemerplukker kan uitgroeien tot een volwaardige nachtplukker.

Als osservatore Peeters zal ik u graag uit de doeken doen over welke geweldige eigenschappen Yannik beschikt, die passen in uw visie van hoe het hoort te gaan in genootschappen die vooraanstaande persoonlijkheden voortbrengen. Dat is dan ook precies de reden waarom Yannik voor uw dispuut heeft gekozen en andere veel belovende maar weinig zeggende gezelschappen links heeft laten liggen.

Het is hem bekend dat drank een van de drijvers van uw imperium is. Voor hem is dat niet louter een bijkomstigheid. Hij voelt feilloos aan dat hij de nacht niet kan plukken zonder zich te laven aan de godendranken waar u ruimschoots mee om weet te gaan.

Voor u staat een jongeling met een charmante, sympathieke en charismatische persoonlijkheid. Fris en nog een beetje schuchter, edoch, onder uw begeleiding zal hij uitgroeien tot een volwaardig lid waarop u kunt rekenen en waar u altijd een beroep op kunt doen. Hij is ook een man van acta non verba, waar parole verstommen in pure daadkracht. 'De schouders eronder,' dat is zijn motto en hij zal zich graag en onvoorwaardelijk inzetten. Zeker als spiritualiën als de onoverkomelijke beloning gelden, gaat u veel plezier aan zijn lidmaatschap beleven. Hij heeft vertrouwen in u die weet welke paden dienen te worden bewandeld om, evenals u, op het niveau van oneindige wijsheid te geraken.

Yannik laat zich graag leiden, wat mij meteen brengt op de rijke stad Leiden, waar aan het eind van de vijftiende eeuw de internationale lakenhandel opbloeide. In zijn jonge jaren - Yannik was toen een jaar of vier - zeilde hij met zijn ouders naar Engeland. Jaja, in hem schuilt ook een ruwe zeebonk. Enfin; Aan de horizon ontwaarde hij een ander zeiljacht. Hij dacht daar diep over na en zei:
    'Hé, die boot heeft twee lakens,' Zijn ouders rolden van het lachen over dek. Dat minderde niet toen hij uitriep dat het eigen schip ook twee lakens had.
    Waarmee maar is gezegd dat Yannik over een oorspronkelijke geest beschikt en zaken net even anders ziet dan wat zich doorgaans in breinen afspeelt. Nu vijftien jaar later staat hij voor u en zal hij voor Civitas Carpe Noctem hetzelfde bereiken dat voor de stad van toepassing was zonder zelf de lakens uit te delen.

Later die reis voer het gezin de rivier de Thames op. Na de laatste bocht doemde de Tower Bridge op als de beloning van de verre reis. Zijn broer en zus waren erg onder de indruk, wat niet voor Yannik gold. Hij leek een beetje teleurgesteld.
    'Ik had een brug met touwen verwacht,' zei hij. U begrijpt, geacht college, dat de overige opvarenden het ook toen niet droog hielden.

89

Yannik is een man van verbindingen, touwen zo u wilt, en ik adviseer u dan ook hem uw gelederen binnen te trekken.

Acta est fabula.
Met vriendelijke groet,
Emile van Straten

Ik gebruikte de naam van mijn alter ego, want ouders was het niet toegestaan om een aanbevelingsbrief te schrijven.

♂ Ben ik nu te hard van stapel gelopen met mijn verhaal dat ik kan paardrijden? Ik, als haar prins op het witte paard. Daar zat wel een risico in en ik heb er lang over getwijfeld. Eva is heel speciaal en dat ik het bij haar verneuk, ligt op de loer. Ik zal me toch een beetje in moeten houden en tijd zien te winnen om van mijn overtollige kilo's af te komen. Mooi hè, haar stichtelijke reactie op mijn erotische verhaal. Wordt vervolgd, neem ik aan.

'Hoi Han,

Ik mag zeker hopen dat ze eerst de gebruiksaanwijzing heeft gelezen! Hier nog zo eentje waarmee ik in de top drie ben terechtgekomen van een schrijfwedstrijd. De opdracht was een rood hoofd-moment insturen.

Mijn eerste rood-hoofd -moment dateert uit de tijd van mijn jaar als brugpieper op de middelbare school.

Net als iedereen in mijn klas liep ik onzeker door de school met een rugzak die ongeveer een kwart van mijn lichaamsgewicht bedroeg. Uiteraard moest dit allemaal op een stoere manier gedragen worden, daarom had ik net als de medeleerlingen mijn rugzak op mijn billen hangen. Dat de spieren in je schouders aan het eind van de dag in brand stonden, en je rug aanvoelde als een plank, nam ik op de koop toe. Je moet er wat voor over hebben om stoer te zijn.

De hormonen gierden in dat jaar ook door mijn lijf. De middelbare school was een walhalla van nieuw vlees dat te pas en te onpas gekeurd diende te worden. Afknappers waren er in alle soorten en maten. Verkeerde schoenen, verkeerde stem, verkeerde puist, een verkeerde zin; alles werd genadeloos afgekeurd. Mijn verbazing was dan ook groot toen ik de jongen ontmoette aan wie geen afknapper te ontdekken viel. Alles was perfect, van zijn haar tot zijn schoenveters. Zijn naam was Bob.

Al snel was ik tot over mijn oren verliefd. Ik begon ware stalkneigingen te krijgen toen ik achter zijn adres kwam. Ik fietste elke dag langs zijn huis in de hoop een glimp van hem op te kunnen vangen. Op school zorgde ik ervoor dat ik op elk moment bij hem in de buurt kon zijn. Dat we nog nooit een woord gewisseld hadden maakte me niet uit. Ik was ervan overtuigd dat hij de ware was. Mijn prins die me in alle staten zou brengen.

Op een dag was ik het zat om in stilte verliefd te zijn. Mijn gevoelens waren zo sterk dat het niet anders kon dan dat ze wederzijds zouden zijn. Ik besloot een brief aan hem te schrijven.

Lieve Bob,
Ik vind je leuk en zou graag verkering met je willen. Via anderen heb ik gehoord dat jij net als ik van paardrijden houdt. Ik zou het heel leuk vinden als wij samen een romantische strandwandeling te paard gaan maken. Wat zeg je ervan?
Honderd kusjes,
Eva.

Ik besloot het briefje in zijn kluisje te proppen. Bob zou de brief dan in de pauze vinden en mijn liefde zou eindelijk beantwoord worden.

In de pauze brak het klamme zweet me aan alle kanten uit. Dit was de dag waarop mijn leven zou veranderen. Zo onopvallend mogelijk speurde ik de gang af naar Bob. Maar hij kwam niet, dus besloot ik maar een broodje te gaan eten. Bij de kantine aangekomen zag ik dat de hele school zich verzameld had rond de deur. Op die deur was een brief geplakt en iedereen had er de grootste pret om. Samen met mijn vriendinnen liep ik er nieuwsgierig naartoe. En toen drong eindelijk tot me door wat hier aan de hand was.

Ze zijn nog dagen bezig geweest om mijn brief van de deur af te schrapen. Iemand had het leuk gevonden hem met secondelijm vast te plakken. Sindsdien at ik elke pauze mijn broodjes op het toilet op. Ik durfde niemand onder ogen te komen en zo onopvallend mogelijk bewoog ik mij door de school. Die fatale dag was mijn leven inderdaad veranderd, maar niet op de manier waarop ik gehoopt had.'

'Mooi verhaal weer Eva, prachtig hoe jij de kalverliefde beschrijft. Zo treffend! Een 10.

Je stuurde me gisteren een verhaal over een datingsite en dat je daarmee in de prijzen was gevallen. Ik behoorde niet tot de winnaars, maar mijn inzending werd wel in de bundel *Verbijsterende dates* gepubliceerd onder de titel One-night-stand:

Met zijn mobiele telefoon aan zijn oor liep de man naar het café waar ze hadden afgesproken.
    'Waar kan ik je aan herkennen, lieverd?' en hij besefte meteen dat dit een waardeloze vraag van hem was. Hij wilde haar het gevoel geven dat ze speciaal was, maar in zijn zenuwen...

'Je weet toch dat ik een mantelpakje draag en mijn blonde haar opgestoken, witte blouse en rode punthakjes?'

Wat was hij toch een rund. Had hij een veelbelovende date en zag hij kans om het vooraf al grondig te verpesten. Dagen aan een stuk hadden ze gechat en vaak met elkaar gebeld. Hij wist eigenlijk vrijwel alles van haar, maar hoe zou ze in werkelijkheid zijn? Het gevoel dat ze perfect klikten was wederzijds. Nu alleen nog even afronden en haar imponeren met spitsvondigheid en volharden in zijn leugen dat hij goed kon koken. Dan zou het slechts een paar uur duren voordat ze de lakens zouden delen. Hij wilde er niet al te duidelijk op zinspelen, maar hoopte wel te kunnen scoren.

Met zijn vrienden had hij dit soort ontmoetingen vaak besproken. De teneur was dat een paringsdans niet eindeloos hoefde te duren. Eerst maar zien hoe het seksueel uitpakte. De rest kwam later, was zijn conclusie.

'Oké, ik zie je zo,' en hij sloot het gesprek af.

Ze had hem al gemeld dat ze was gearriveerd. Dat beviel hem, want hij had een hekel aan wachten. Hij opende de deur van het café en trad binnen. Er was echter geen vrouw te bekennen. Wel mannen die allen eenzaam aan tafeltjes zaten, al dan niet met een consumptie voor zich. Vreemd. Bij gebrek aan een vrij tafeltje nam hij plaats aan de bar.

'Welkom, wat wenst u te drinken?' vroeg de werkstudent die een zojuist afgedroogd wijnglas in het rek boven zijn hoofd hing.

'Nou, nog even niets. Ik heb een afspraak en wacht even met bestellen als je dat goed vindt.'

De student vond het prima en schoof alvast een bakje nootjes in zijn richting.

Aan het einde van de bar bevond zich een gedraaide open trap naar de eerste verdieping, waar ook de toiletten waren, getuige de aanwijzing op een bordje tegen de muur.

Hij wilde haar bellen, maar stopte zijn mobieltje weer in zijn zak toen hij twee rode hakjes boven aan de trap zag. Die konden niet anders dan van haar zijn. Tergend langzaam daalde ze af. Benen waar geen eind aan leek te komen. Hij voelde zich alsof hij de jackpot al binnen had en zag niet dat alle blikken in het café op het langzaam verschijnende lichaam waren gepind. Door de draaiing van de trap zag hij haar eerst van achteren. Boven haar benen kwamen de contouren van zeer vrouwelijke billen in beeld. Alleen haar rokje verhulde het. *Nog wel*. Toen haar lichaam zich langzaam zijn richting uit draaide en haar borsten, ondanks haar jasje, zich op de witte achterwand vol aftekenden, wist hij het zeker. Dit was de vrouw van zijn dromen.

Ze stopte en keek onderzoekend het café rond. Geen twijfel mogelijk. Blonde haren opgestoken, lief gezicht en blauwe ogen. Hij stond op om naar de trap te lopen en haar zijn hand te reiken voor de laatste treden, maar keek verbaasd op toen vrijwel alle mannen in het café dezelfde aanstalten maakten. Een beweging die stokte toen zich boven aan de trap weer twee rode hakjes aandienden. Werd hij er nu ingeluisd of hoe zat dat? Een gedachte die ook van andere gezichten was af te lezen.

De ene na de andere engel daalde identiek gekleed en met vergelijkbare schoonheid neer. De vrouwen spraken geen woord en liepen kriskras door het café tussen de tafeltjes door. Het leek op een keuring: welk stuk mannenvlees nu wel of niet voor consumptie geschikt was. Nu waren er evenveel vrouwen als mannen in de zaak. Niemand zei iets. Op zijn barkruk balanceerde hij onrustig. Het zweet brak hem uit in dit walhalla van vrouwelijk schoon. De vrouw die als eerste was afgedaald, verliet het café via de voordeur en de andere vrouwen volgden haar.

'Doe mij maar een Leffe Blond,' zei de man met een diepe zucht tegen de student achter de bar. Het was hem wel duidelijk dat er iets niet klopte.

De reacties van zijn lotgenoten waren zeer verschillend. Dat ging van kwaad tot teleurgesteld. Een man eiste zijn geld terug, al was niet duidelijk waaraan hij dat had besteed. De gemoederen liepen hoog op. Hier en daar werd ook gelachen. Wat ze hiermee aan moesten? Niemand wist het.

De voordeur zwaaide open en een grote man stapte binnen, die opvallend zijn keel schraapte en de aandacht vroeg.

'Heren, sorry dat wij u in deze situatie hebben gebracht, maar ik zal u graag uitleggen waar dit voor nodig was. U bent voor een promotiecampagne geselecteerd door een team van deskundigen en zonder het te weten bent u verkozen tot de crème-de-la-crème. Er is echter maar één winnaar in dit gezelschap. Dat wil overigens niet zeggen dat we u met lege handen naar huis sturen. Voor ieder van u heb ik een envelop met 500 euro op zak, waarmee we hopen dat u het sportief opneemt. De winnaar bieden wij daarnaast een contract ter waarde van 10.000 euro aan. De dames hebben hun selectiewerk nu afgerond en de winnaar is de heer Van Straten uit Breda.'

Hij viel bijna van zijn barkruk af en stamelde:

'Maar ik weet helemaal niet waar het over gaat!'

'Sorry, dat was ik inderdaad nog vergeten te vertellen. Ik ben commercieel directeur van een grote brouwerij. Het gaat om de lancering van een nieuw drankje.'

De man vervolgde dat alle versnaperingen voor zijn rekening waren en begon met het uitdelen van de enveloppen.

'Om wat voor drankje gaat het dan?' vroeg de Bredanaar.

'Het gaat om de lancering van ons merk: One-Night-Stand.'

♀ Je kan zeggen wat je wilt, maar Han weet het wel leuk op te schrijven. Ik begin steeds meer bewondering te krijgen voor hem.

Hierin drijft hij duidelijk de spot met mannen. Ik had het zelf niet beter kunnen verwoorden.

Blijkbaar heeft hij toch doorgehad dat ik zijn eerdere verhalen niet zo waardeer. En nee, ik heb beslist niet de illusie dat ik aan deze omslag heb bijgedragen en hij ineens wél de brave man is. Ik vermoed alleen dat hij nu doorheeft dat ik niet de juiste persoon ben om dit soort verhalen aan te vertellen.

♂ Eva en ik hebben naast de persoonlijke contacten ook veel zakelijke uitwisselingen. Vandaag heb ik ze even geteld. Zakelijk in totaal vijfentwintig e-mailberichten. Nu begint alles door elkaar te lopen. Ik belde haar met een vraag over de verkoopprijs van een boek. Een nieuwe lancering, de twintigste alweer, vanuit haar uitgeverij. Titels waarvan ik de verkoop en de distributie regel. Het gesprek kwam erop dat ze weinig middelen heeft om te investeren. Ik beschouw het als mijn persoonlijke doelstelling om haar meer kapitaal te verschaffen uit de verkoop van de boeken van haar uitgeverij.

Na het telefoongesprek stuur ik haar een verhaal, met een beetje jolige aanhef.

'Ha GuinevEva,

Zoals ik je vertelde zijn het enorme eikels bij de Sociale Dienst. Mijn klantmanager noem ik in mijn laatste boek *the bitch with an attitude*. Ik had een verzoek ingediend voor de Bbz-regeling, waarvoor ik werd afgewezen, omdat ik niet geschikt zou zijn als ondernemer (!) en kreeg zes weken de tijd om bezwaar te maken. Dus schreef ik in 22 dagen een boek, dat naast het vervolg op mijn eerste boek een handleiding is voor aankomende schrijvers en uitgevers. Tevens was het een aanklacht tegen de Sociale Dienst.

De op een na laatste dag van die zes weken stuurde ik mijn bitch mijn inmiddels gedrukte boek toe en de ontvangst werd mij bevestigd als verweerschrift met de mededeling dat er een hoorzitting zou komen, waarin ik mijn standpunten nader uiteen zou mogen zetten. Inmiddels heb ik al weer maanden niets van haar gehoord. Ze zit er ongetwijfeld mee in haar maag.

Ik stuurde voor een Kafka-wedstrijd een verhaal over haar in.

'Ze verweet me dat ik sinds mei geen contact met haar had opgenomen bij de Sociale Dienst. Ze wilde mijn sollicitatiebrieven van de afgelopen maanden zien.

'Die kan ik helaas niet overleggen, maar ik ben wel inkomen aan het creëren als zelfstandig auteur,' verweerde ik, happend naar adem.

'U moet gewoon zo snel mogelijk aan de bak, meneer Peeters, en uw fantasie om een succesvol schrijver te worden, daar heb ik echt geen boodschap aan,' zei ze streng. 'Ik zet u morgen aan het werk bij de sociale werkplaats.'

Ik liep rood aan en bladerde driftig in mijn dossier op zoek naar nieuwe argumenten, die ik niet had. Wanhopig en smekend keek ik de Turk aan die naast haar in het bedompte verhoorkamertje zat. Onder de felle lamp blonk zijn kale hoofd op.

'Natuurlijk weet ik dat het veel tijd en energie kost om mooie boeken te schrijven en ik ben hier om met u te bespreken wat de mogelijkheden zijn,' zei hij.

Een gruwel gleed van mijn schouders, want om de hele dag simpel inpak- en sorteerwerk te verrichten in het strafkamp met verstandelijk en lichamelijke gehandicapten, was voor mij verre van aanlokkelijk. Een aankomende pislucht van natte luiers verstikte mij op voorhand.

Op zijn vraag of ik een ondernemingsplan kon schrijven stemde ik dan ook opgelucht toe.

'Hoe zit het nu met mijn uitkering, want die is wel opgeschort.'

'Als u uw volledige administratie inlevert over de jaren 2010 en 2011, dan zullen wij bekijken of u inkomen uit uw boeken heeft gehad,' antwoordde de Turk.

Dat had ik niet, dus daar maakte ik me geen zorgen over.

Voor de gestelde deadline leverde ik mijn administratie en businessplan bij mijn klantmanager in, die ze laatdunkend van mij aannam. Haar spottende uitstraling beloofde niet veel goeds.

Een week later werd ik door een busje opgehaald.'

Zo is het in werkelijkheid niet gegaan, Eva, maar wel zo ongeveer.

'Jemig, wat een verhaal weer. Ik heb inmiddels zoveel ellende gehoord over de bijstand. Ooit had ik er zelf mazzel mee, behalve dan bij mijn aanvraag. Ik zat middenin een scheiding en werkte twintig uur per week in een boekhandel; lang niet genoeg uren om een peuter te kunnen verzorgen en mijn vaste lasten, waar ik alleen voor kwam te staan, te betalen.

Omdat ik nog niet gescheiden was, had ik op het formulier ook wat gegevens van toen nog mijn man ingevuld. Ik dacht dat dat moest omdat we immers niet officieel uit elkaar waren. Nadat ik het formulier had opgestuurd, kreeg ik de volgende dag al een telefoontje: of ik even langs wilde komen.

Ik er dus heen en ik werd inderdaad in een verhoorkamertje gezet inclusief veel te felle tl-lampen. Tegenover mij zat een vrouw, die zou mijn consulente worden. In de hoek stond een wat potige vent, met zijn armen over elkaar en een felle blik die me ter plekke had vermoord als blikken konden doden.

Daarna ben ik twee uur lang verhoord. Hij speelde een soort *bad cop*, zij de *good cop*. Door mijn formulier had ik volgens hen de indruk gewekt dat ik deed alsof ik ging scheiden om zo een uitkering op te strijken waar ik helemaal geen recht op had. Waarom had ik anders de gegevens van mijn man ingevuld? Dat deed je niet als je van plan was om te gaan scheiden.

Afijn, ik heb geluld als Brugman en heb ze uiteindelijk weten te overtuigen, maar toen kwam het volgende. Ze wilden nú mijn huis zien, want ik was hier niet op voorbereid en als ik loog zouden de spullen van mijn man in mijn huis staan. Ik was uiteraard verbijsterd, maar heb toegestemd, omdat ik anders geen uitkering zou krijgen en ze toch niets zouden vinden, want mijn man was allang vertrokken uit mijn huis. Ik moest met hen meerijden anders had ik hem kunnen bellen om hem te waarschuwen.

Thuis moest ik de inhoud laten zien van al mijn kasten, laden, et cetera en toen ze zagen dat er echt alleen maar spullen van mij lagen, kreeg ik mijn uitkering.

Je voelt je verdorie een halve crimineel, omdat je aanspraak maakt op een regeling voor mensen zonder voldoende inkomen.'

'Hoi Eva,

Aan deze kant vrijwel exact hetzelfde verhaal. Bij mij was het een gesprek met een vrouwelijke klantmanager en een sociaal rechercheur. Ik herkende hem als de man die de dag ervoor in mijn kasten had gegraaid op zoek naar dameskleding. Was ik even blij geen travestiet te zijn.

Ik kreeg van alles naar mijn hoofd geslingerd. Ik zou grote sommen geld geparkeerd hebben in het buitenland. Niet dus, en aan mijn Rolex konden ze dat niet aflezen, want die had ik thuisgelaten.

Toen kwam de grap. Woedend wees de oetlul op een uittreksel van de KvK van een BV van mij die ik kort daarvoor had uitgeschreven. 'Vertel me nu direct waar je het maatschappelijk kapitaal van 90.000 euro heb gelaten!' schreeuwde hij.

Heel rustig legde ik hem uit dat aandelen in een BV zich onderscheiden als geplaatste aandelen en volgestorte aandelen. Met maatschappelijk kapitaal van 90.000 euro wordt bedoeld tot welke grens aandelen kunnen worden uitgegeven zonder tussenkomst van een notaris, en er waren geen aandelen verstrekt tot welk bedrag dan ook.

'Dat zullen we dan nog wel eens zien!' brieste hij nog na.

Hij is er nooit op teruggekomen, maar ik kreeg wel een uitkering.'

♂ Ik bel haar weer eens op, nu om iets uit te leggen dat ze niet goed had begrepen. Het ging over formaten van boeken. Ik legde het haar uit en even later popte het volgende bericht van haar op mijn scherm.

'Wist je al dat ik in het echie héél blond ben...?'

Als bijlage stuurde ze een foto mee. Oorspronkelijk is ze dus blond en heeft ze nu haar kapsel donker geverfd, waarover een rode gloed.

'Natuurlijk wist ik dat, Eva. Voor donker haar zijn je ogen veel te diep blauw.'

'Dat is helemaal waar. Al heb ik wel donkere wenkbrauwen van mezelf, daarom denken de meeste mensen dat dit (rood/zwartig) mijn eigen haarkleur is.'

♂ Dit is haast te mooi om waar te zijn: rood en blond. Ik stuur haar er een verhaal over.

'Ik botste bijna tegen Catharine op tijdens de *Dag voor de Roodharigen* die elk jaar in Breda wordt gehouden. Er komen gemiddeld 4.000 rooien op af. 's Middags toog ik naar de stad om de vuurtorens te aanschouwen. Catharine had er alle redenen voor om trots te flaneren. Haar man Martin is Indisch en hun kinderen hebben alle drie een min of meer getinte gelaatskeur en rood haar! Genetische wonderkinderen. Hier zal nooit een DNA-onderzoek uitkomst hoeven bieden.

Ik liep vanuit stadspark Het Valkenberg en via het Kasteelplein de stad in. Mijn auto stond gratis geparkeerd achter het NS-station en ik had nog precies genoeg geld om mezelf op een biertje te trakteren. Ik liep de Grote Markt op en zag haar met haar gezin als een donderslag bij heldere hemel tussen de menigte staan, genietend van een breakdancevoorstelling. Ik wist niet dat zij naar Breda zou komen en schrok me rot. Snel ging ik aan een terrastafeltje zitten om hen schielijk te kunnen observeren. Martin was langer dan in mijn herinnering. Knappe man. Zag er jonger uit dan zijn leeftijd. Volgens mij hoefde hij zich geen zorgen te maken om aan een andere vrouw te komen.

Catharine... Wat was ze mooi, ook in het wild. Ze droeg een blauw spijkerjasje. Roodharigen hebben allen als lievelingskleur blauw. Let daar maar eens op. Haar witte blouse tekende de contouren van haar borsten, die ook nog steeds prachtig waren. Martin junior had rode, bronstige wenkbrauwen. Haar dochter Anne was klein met weelderig rood haar tot over haar broekriem op haar rug. Cathy, de jongste, had het haar opgestoken. Ze was een kop groter dan Catharine en twee koppen groter dan haar zus. Catharine heeft als sterrenbeeld Leeuw. Ik lees al meer dan dertig jaar haar horoscoop en ik beeld me al net zo lang in hoe het met haar gaat.

Ze schudde haar manen en vervolgde haar weg door de stad. Martin senior en Catharine hebben mij niet gezien en haar kinderen kennen mij niet. Ik sms'te haar in korte bewoordingen het voor mij bizarre schouwspel. Ze sms'te terug.
  'Waar zit je? Xxx.'
  Ik legde het haar per sms uit en de hele stoet kwam nog een keer voorbij. Ik zag dat Catharine me zocht, maar me niet vond. Martin senior beende vooruit met zijn gevolg in het kielzog. Hij wilde zo snel mogelijk weg, de stad uit. Hij kreeg de kriebels van Breda en voelde mij in het straatbeeld rondspoken.'

Maar eigenlijk ga ik voor blond.'

'Eh, wie is Catharine?'

'Catherine was mijn eerste grote liefde van nu 36 jaar geleden. Na twee mislukte huwelijken speurde ik naar waar het in mijn liefdesleven fout was gelopen en zocht ik weer contact met haar. De vonken vlogen er als vanouds vanaf. Hoe dat is afgelopen, zie *Afscheidsboek*. Read the fucking book, Eva.'

♂ Tering Jantje! Ik zal er nu toch echt aan moeten geloven. Ik ben dik, veel te dik en daar gaat Eva niet voor, en ik voel dat het langzaam wat gaat worden tussen ons, dus zit er maar één ding op... zwemmen! Ik moet kilo's afvallen. Waarom zwemmen? Omdat ik daarvan niet ga zweten en al mijn ledematen in beweging zet. Ik heb al een paar keer een jaar of wat achtereen 's ochtends gezwommen in het gemeentebad, dus dat moet ik nu maar weer eens oppakken. Ik weet dat ik me dan fitter zal voelen en er van zal afvallen, maar gezien mijn leeftijd zal het wel meer inspanning kosten dan voorheen om weer een six-pack te krijgen. Dat laatste is stoer taalgebruik, want een echt wasbordje dateert alweer van 30 jaar geleden.

06.45 uur. Ik sta op, strompel naar het toilet, onderweg heb ik de waterkoker voor oploskoffie aangezet, hijs mezelf in mijn ochtendjas en zet mijn computer aan. Koffie inschenken, dan mijn gebruikelijk rondje langs webstatistieken, verkoopcijfers van de vorige dag en even hier en daar op fora reageren ter eer en meerder glorie van mezelf en mijn boeken.

07.30 uur. Op de fiets naar het overdekte zwembad. Een tochtje van 10 minuten. Is wel te doen. Aan de balie sluit ik meteen een jaarabonnement af. Als loser in de bijstand krijg ik zeventig procent korting. Daar wil ik nog wel even gebruik van maken, nu het nog kan. Omkleden, douchen en dan daal ik de zwemtrap af. Eindelijk. Ik voel me weer licht. Nu baantjes trekken.

Ik baalde van een keuvelend groepje oudere dames. Ze trokken hun baantjes met z'n vijven naast elkaar in een rustig tempo in de schoolslag. Met hun formatie vormden ze een vlindernet alsof het hele bad van hen was.

Ik verdomde het om rondzwemmend dit groepje te vermijden en spetterde tot hun verontwaardiging er dwars doorheen met mijn crawlslag. Een deel van hun oeverloosheid ging verloren en ze beklaagden zich bij de badmeester. Die ergerde zich blijkbaar ook aan het egoïstische zwempatroon. Hij gaf ze ongelijk en adviseerde hen achter elkaar te zwemmen. Ik hoorde nog net dat ze proestend uitbrachten dat ze elkaar dan niet meer konden verstaan.

's Middags reageert Eva op mijn one-night-stand-verhaal:
    'Leuk verhaal, maar ik neem aan dat dit niet echt gebeurd is'.

103

'Nee, natuurlijk niet, lieve schat. Al was de inrichting van het café van een etablissement waar ik in het echt een date had.'

Ze vervolgt: Door je verhaal moest ik meteen aan één van mijn internetdates denken.

Wat begon als een grapje, liep al snel uit de hand. Twee vriendinnen en ik besloten ons in te schrijven op een datingsite. Lacherig maakten we ons profiel aan. De eerste weken waren de grappen en grollen niet van de lucht.

Mannen die minstens dertig jaar ouder waren dan wij, probeerden toch een kansje te wagen. Mannen met de meest pikante voorstellen kwamen voorbij.

Terwijl ik nog druk aan het lachen was om alles, kwam de eerste vriendin wat zenuwachtig naar me toe.

'Ik moet je wat bekennen,' zei ze, terwijl ze me niet recht aan durfde te kijken.

'Zo erg kan het niet zijn, dus kom op, wat is er?'

En daar kwam het verhaal. Er had een wel erg leuke jongen op haar profiel gereageerd en ze had met hem afgesproken. Vriendin twee volgde al snel en toen we weer een maand verder waren was het voor beide dames dik aan.

Daar zat ik dan. Als enige lachen is een stuk minder geinig dan dit delen met je vriendinnen.

Ik vergat dan ook snel dat ik ingeschreven stond en ging verder met mijn leven. Ondertussen bleven de mailtjes maar binnen komen dat er weer een reactie op mijn profiel was. Ik besloot mijn profiel te wissen en juist toen gebeurde het.

Snel bekeek ik toch ietwat nieuwsgierig de reacties en zag ineens een leuke jongen met een leuk profiel, genaamd Jeroen. Impulsief als ik ben, gaf ik mijn emailadres en haalde mijn profiel van de site af.

Meteen diezelfde avond kwam de eerste mail al binnen. Meneer zette er vaart achter en voor ik het wist, was ik in een verwoed mailcontact verwikkeld. Het klikte, verdorie nog aan toe, het klikte. Na foto's uitgewisseld te hebben besloten we af te spreken. Ik werd met de dag nieuwsgieriger. Zou dit hem zijn? Mijn vriendinnen hadden immers ook een relatie overgehouden aan de site, dus wie weet.

De dag van de afspraak begon goed. Mijn buik maakte vreemd borrelende geluiden en voor ik goed en wel besefte wat er aan de hand was, kwam lichaamsvocht uit alle denkbare gaten.
Alsof ik me nog niet rot genoeg voelde, ging de deurbel en stond daar een jongen die ik niet kende.

'Wie ben jij?' vroeg ik dan ook na enkele seconden waarin wel duidelijk werd dat de jongen niet kenbaar ging maken wie hij was.

'Ik ben het, Jeroen!' zei hij, met een stralende glimlach.

Noem me oppervlakkig, maar de jongen leek in de verste verte niet op de foto die ik onder ogen had gekregen. Deze jongen maakte geen enkel gevoel in me los, enkel een nieuwe aanval van borrelende buikgeluiden.

Een uur lang heb ik het gesprek volgehouden, dat heel wat minder vlot verliep dan op het net. Ik besloot open kaart te spelen.

'Moet je horen, ik wil je niet kwetsen, maar dit gaat hem niet worden,' zei ik dan ook.

Jeroen keek enigszins beteuterd, pakte zijn jas en vertrok tot mijn grote opluchting. Een uur later verscheen de eerste sms op mijn telefoon.

'Wat is er mis met mij? Dit is al de zoveelste keer dat ik afgewezen word, dus spaar me niet.'

'Het zou in ieder geval erg handig zijn als je een foto van jezelf stuurt,' sms'te ik terug.

Nog wekenlang heeft Jeroen me bestookt met sms'jes, met de vraag wat er toch mis met hem was.

In plaats van een nieuwe liefde, had ik er een nieuwe stalker bij. Bedankt Relatieplanet, bedankt impulsieve ik!'

♂ Valse foto's, gewichten, lengtes, leeftijden, hobby's en achtergronden. Het zijn bekende leugens in de hoop dat er iemand op af komt die het je na verloop van tijd zal vergeven. Hoe kortzichtig is dat! Het is niet meer dan een vleeshandel en zoals vlees eruitziet is niet zoals het smaakt, nog afgezien van de bijgerechten.

De tuttigheid straalt je van die droeve profielen tegemoet. Veel vrouwen hebben het over een wijntje op de bank, als het hoogst haalbare uit een relatie. Volgens mij werkt het niet. Ik was eerlijk op mijn profiel en kreeg dus weinig berichten. Wel bezochten honderden mijn pagina. Slechts enkele dates kwamen eruit voort en ik trakteer Eva op een verhaal erover.

'Ik was best nerveus, en reed met de auto van mijn moeder naar Baarle-Nassau om daar tot mijn ontsteltenis te merken dat het café vanwege onduidelijke en bijzondere omstandigheden was gesloten. Shit! Gelukkig was er een hotel in de buurt waar we met elkaar in de lounge nader kennismaakten.

Op Mallorca had ze in opdracht een biografie over een rijke vrouw geschreven. Zij woonde en werkte toen op dat eiland. Graag wilde ze haar eigen levensverhaal neerpennen, maar ze durfde niet, omdat het nogal schokkend was en ze bang was dat ze mensen uit haar directe omgeving zou schaden en verdriet zou doen.

Het was een leuk gesprek met haar. Een grote vrouw, zeker een kop groter dan ik met een maatje meer. Dat kwam dus niet overeen met mijn later beschreven engelen die van de trap neerdaalden in mijn one-night-stand-verhaal, en zeker niet in relatie tot punthakjes. Daar gaat het mij overigens ook helemaal niet om. Bij daten wordt men echter wel genadeloos op uiterlijke kenmerken afgerekend. Daar doe ik dus niet aan mee.

Het klikte. Omdat ze vormgeefster was, bood ze mij haar diensten gratis aan. Ze beloofde mij de cover van mijn boek *De eieren van de keizer* te ontwerpen. Dat kwam mij goed uit, want zelf had ik wel een ideetje uitgewerkt, maar ik was daar alles behalve tevreden over.

'Het boek gaat over Fabergé-eieren, dus moeten die op de cover komen,' zei ze.

'Goed idee, maar hoe kom ik aan de rechten?'

'Ik regel dat voor je, geen probleem.'

Bij het Virginia Museum of Fine Arts, Richmond Virginia USA, waar de rechten van Fabergé worden beheerd, bestelde ze een foto met vier prachtige Fabergé-eieren. Kosten 300 US dollar, maar dat was het mij wel waard en ze ging aan de slag.

Het museum stelde als voorwaarde dat de verkregen rechten betrekking hadden op een oplage van vijfhonderd exemplaren, dus voorlopig zat ik goed. Na onze eerste afspraak hielden we dus contact en op de eerste paasdag 2010 zou ik naar haar toe gaan voor het paasweekend. Ik zou haar helpen met haar boek. Eigenlijk had ik mijn belangstelling in haar verloren, en ik was opgelucht toen ik een sms van haar kreeg dat ze er in tekstueel en seksueel opzicht nog niet klaar voor was. Voor mij de gelegenheid er niet verder mee door te gaan, maar we hielden wel digitaal contact over de cover van *De eieren van de keizer*.

Een tijdje later had ze een man aan de haak geslagen. Ze antwoordde niet meer op mijn e-mails, maar leverde mij wel een cover die ik overigens onlangs heb vervangen.

Aan mijn date met haar hield ik dus een cover over. Mooi, maar niet zoals was bedoeld.'

♀ Au, dit is met recht een koekje van eigen deeg. Ik reken mijn dates ook niet op hun uiterlijk af, maar deze jongen was gewoon

107

mijn type niet, in alle opzichten. Ik heb relaties gehad met mannen van alle soorten en maten, mooi en minder mooi.

Iedereen die mij kent weet dat ik niet zozeer op uiterlijk val, maar iets in de uitstraling van een man. Ik kan niet precies benoemen wat dat is, maar vaak is het een bepaalde ondeugendheid die hij uitstraalt.

Dus Han heeft een maatje meer. Alsof dat mij ook maar iets kan schelen. Als hij dat niet door heeft, dan heeft hij echt geen idee hoe ik in elkaar zit. Ik vind hem lief.

♂ Eva loopt wat achter met het reageren op mijn verhalen. Ze zal me toch geen stalker vinden? Beetje rustig aan doen dus. Ik schiet door en ze kan me niet bijhouden. Dit kan hautain overkomen dus moet ik maar even vaart minderen. Ze loopt in met een reactie op mijn aanbevelingsbrief voor mijn zoon.

'Hilarische brief aan dat college! Als je zoon niet toegelaten wordt, weet ik het ook niet meer. Het bevat sarcasme en spot. Je mag best een brief schrijven voor mijn zoon als het zover is. Zoals je weet is hij iets jonger. Ooit heb ik een brief aan hem geschreven...

Lieve Merlijn,

Jouw moeder zijn is iets waar ik nog altijd dankbaar voor ben. Ook al kwam je onverwachts, je was en bent voor mij het grootste cadeau dat ik ooit heb gekregen.

Je lach, je mooie verschijning, je wijsheid, je kleine armpjes die mij omhelzen. Dit alles maakt mij zo intens gelukkig, dat is met geen pen te beschrijven.

Toch maak je me soms horendol. Op de momenten zelf ben ik aan de ene kant boos en aan de andere kant heb ik de grootste moeite om mijn lach in te houden als ik je duidelijk probeer te maken dat jouw streken echt niet kunnen. Een paar van die daden steken met kop en schouders boven de rest uit.

Zo vergeet ik nooit de keer dat je in de keuken aan het spelen was met je autootjes.

Ik had kunnen weten dat er iets mis was aangezien je wel erg stil was. Stilte betekent vrijwel altijd dat het goed mis is, heel erg mis zelfs. Toen dat eindelijk tot me doordrong, en ik snel kwam kijken wat je aan het doen was, keek je me met een grijns van oor tot oor aan. Je handen waren helemaal bruin, evenals de keukenmuur. Je was zo trots op je nieuwe kunstwerk dat je voor mama had gemaakt.

In je kleine handjes hield je jouw luier, inclusief inhoud, als een palet vast. Je ontlasting lag er als verf op te schitteren. Jij had maar mooi een schilderij voor mama gemaakt.

De tweede keer was je weer met je autootjes in de keuken aan het spelen. Dit keer hield ik goed in de gaten of er geluid uit de keuken kwam. Geluid betekende immers dat jij niets stouts aan het doen was. Om de twee minuten kwam ik kijken of alles nog goed ging. Je moet weten dat wij in ons oude huis een open keuken hadden en ik je daardoor in de gaten kon houden. Dit keer had je jezelf echter achter het lage muurtje verstopt.

'Mama is lief, mama is liehief, ' zong jij voor mij. Vertederd door deze lieve woorden liep ik naar de keuken om je een goede knuffel te geven.

Daar aangekomen keken jouw ogen me schuldbewust aan. Jouw eens blonde haren waren nu plots bruin. Onze witte keukenkastjes waren ook van wit naar bruin gepromoveerd. Jouw eens blanke handen waren nu donkergetint. Op de keukenvloer lag jouw nieuwe middel om een kunstwerk te creëren. Een pot schoensmeer keek me lachend aan.

Nog weken heb jij met bruine haren rondgelopen. Net als mama had jij je haren geverfd, zei je.

Toen we gingen verhuizen ben ik dagen bezig geweest om de ooit witte keukenkastjes weer echt wit te krijgen.

Ze zeggen dat drie keer scheepsrecht is en dat klopt in jouw geval. Ik was ervan overtuigd dat je na het schoensmeerincident geleerd had dat een kunstwerk maken leuk is, maar dat er grenzen zijn. Jou schoonmaken vond je namelijk zelf een stuk minder grappig. Toch heb je nog eenmaal jezelf compleet uitgeleefd.

Van Sinterklaas had je nieuwe stiften gekregen. Zo blij als een kind kan zijn, ging jij een tekening maken. Mama ging even haar tanden poetsen en jij beloofde mij om braaf te zijn.

Je bleef geluid maken en zong geen vertederende liedjes. Het kon niet anders dan dat jij braaf aan het tekenen was.

Getekend heb je inderdaad, dat moet ik je nageven. Alleen wist ik niet dat bodypaint ook tot de mogelijkheden behoorde. Je benen waren veranderd in een waar kunstwerk toen ik klaar was. Menig kunstenaar zou er jaloers op zijn geweest.

Voor de laatste keer lieve Merlijn: tekenen doe je op papier en niet op muren, kasten, jezelf en je bed. Als je wilt tekenen gebruik je kleurpotloden, stiften, krijtjes en geen ontlasting, schoensmeer, nagellak of Sudocrem.

Liefs, je moeder'

'Dank je Eva, voor het compliment over die brief en ook bedankt voor jouw verhaal. Ik zie het helemaal voor me.

Ik weet niet of het in Noord-Holland gebruikelijk is, maar hier in Brabant willen zulke anekdotes nog wel een tot sketches leiden op bruiloften. Dan krijgt je zoon het vast nog eens voor zijn kiezen.'

♂ Het lijkt erop alsof ze de hele middag vrij heeft genomen om mij verhalen te sturen. Ik ben daar heel blij mee. Ze voedt me met informatie over hoe ze is en denkt. Haar ene fotootje op het internet komt langzaam tot leven. Ik begin onbedaarlijk verliefd te worden en mijn kruin tintelt van blijdschap als ze me haar volgende verhaal stuurt. 'Tijden veranderen. Dat weet ik, dat weet jij, maar ik moet er nog altijd aan wennen. Neem bijvoorbeeld de liefde. Vroeger was alles nog lief. Je hield elkaars hand vast en zei niets. Het enige wat je deed was genieten van elkaars aanwezigheid en na een paar uur ging ieder zijn eigen weg.

Praten was niet nodig, je lichaam voerde het gesprek met degene die jou dat warme gevoel gaf. Vanbinnen had je vlinders die zich een weg baanden door je onderbuik en de gelukzalige glimlach was niet van je gezicht af te slaan.

Ik hou van je, een belangrijke boodschap. Als je die woorden voor het eerst uitsprak was dat zorgvuldig gepland.

Sommige mensen deden het tijdens een etentje, de ander onder de sterrenhemel in een romantische setting.

Tegenwoordig gaat het allemaal iets anders. Vooral bij mijn laatste liefde viel ik van de ene verbazing in de andere.

Ik was de liefde al bijna verleerd na een scheiding tot ik opeens dat onderbuikgevoel weer kreeg. Ik werd smoorverliefd en dat bleek gelukkig wederzijds.

Na een paar weken van samenzijn kreeg ik een sms binnen op mijn telefoon. De nieuwste manier van communiceren noemen we dat. Nu moet ik eerlijk bekennen dat ik de sms-taal van tegenwoordig nog niet geheel onder de knie heb en het berichtje dat op mijn telefoon verscheen dan ook niet snapte.

HVJ

In paniek begon ik te bedenken wat deze drie letters zouden kunnen betekenen. Heb veel jeuk? Haal vlees ja?

Ik besloot de computer aan te zetten en het aan iemand te vragen via msn, ook al zo'n nieuwe manier van communiceren.

'Je moet me helpen, wat betekent hvj?' typte ik aan een vriendin.

'Dat betekent : ik hou van je, hoezo?' zag ik verschijnen in mijn venstertje.

Dus dat was de verborgen boodschap achter deze drie letters. Hoe romantisch om me dat via een sms te laten weten. Niets elkaar in de ogen kijken en dan die woorden zeggen. Nee, gewoon koud en plat via een telefoon. Hoeveel betekenis zit er dan nog echt achter die woorden?

Ik kwam er in de weken daarna achter dat de romantiek nog veel verder ging.

'Hoe gaat het met je tb?' vroeg een vriendin aan mij.

'Tuberculose? Hoe kom je er nou weer bij dat ik dat heb?' vroeg ik verbaasd.

Wederom had ik het verkeerd begrepen. Tb staat voor *toyboy* werd me duidelijk gemaakt door mijn vriendin. Dat was blijkbaar de naam voor mijn nieuwe vriend die drie jaartjes jonger was dan ik.

'Hebben jullie ook een afkorting voor mij?' vroeg ik.

'Ja natuurlijk, muts. Jij ben zijn milf'.

'Zijn wat?!'

'*Mother I like to fuck*,' zei ze. Heel fijn, zo'n nieuwe status.

Inmiddels ben ik alweer een paar maanden vrijgezel en melancholisch kijk ik terug naar vroeger. Komt de romantiek ooit nog terug?'

♂ Ik kom haast niet meer aan normaal functioneren toe. Ik voel, zie, ruik en proef Eva bij alles wat ik doe. Schier onmogelijk zou je zeggen, want ik heb haar nog nooit ontmoet. Toch is het zo. Ze neemt me volledig in beslag. Seks slaat bij haar niet aan, dan moet ik het maar over de romantische boeg gooien.

'Romantiek, Eva, die bestaat nog steeds hoor, al staat die door de huidige sociale media wel onder druk. Voor mij is romantiek de aandacht voor elkaar in een sfeervolle omgeving. Dat kan zijn bij een bezoek aan een museum, waar beiden verrukt zijn over het tentoongestelde, een diner bij kaarslicht of een zeiltocht richting de ondergaande zon. Als ik weer over een zeiljacht beschik, zal ik je graag tonen hoe romantisch dat is, tenzij je zeeziek wordt natuurlijk, want hangen boven een emmer is de dood in de pot voor de romantiek.'

'Ik raad je niet aan om een zeiltochtje met mij te maken bij een ondergaande zon. Een voorbeeld hiervan is het vreselijke schoolreisje in groep acht. We gingen naar Texel en uiteraard moet je dan een gezellig tochtje maken op de garnalenboot. Ik heb me nog nooit in mijn leven zo ziek gevoeld. Ik zag letterlijk groen in de eerste tien minuten en heb daarna urenlang over de reling staan overgeven.

Daarnaast word ik wat onrustig in dit soort situaties. Je zou dan zogenaamd moeten genieten van het varen en de prachtige omgeving, maar ik ben daar veel te onrustig voor.

Geef mij maar een uitstapje waarbij je daadwerkelijk iets onderneemt in plaats van stilzit. Dan ben ik als een kind zo blij.'

♂ Shit! Ze houdt niet van varen, zoals zo veel vrouwen, die vaak moeite hebben met de oog-maag-coördinatie. In mijn eerste huwelijk was dit het laatste breekpunt. Zal ik het Eva uitleggen?

Met mijn zwager en zijn vriendin zeilde ik naar Calais. Mijn eerste vrouw was daar naartoe gereden met de kinderen. Tot haar grote opluchting, want dat scheelde haar de tocht naar de Franse kustplaats. Behalve dat ze zeeziek werd, was ze ook nog doodsbang op ruim water.

Ze kwam dus bepakt en bezakt aan boord en we namen afscheid van de opstappers die met de auto van mijn vrouw terug naar Nederland reden.

De volgende dag was perfect voor de kleine oversteek naar Dover. Goed zicht, zonnetje en een matig windje. Alleen stond het gezicht van mijn vrouw verbeten op slecht weer. In vier uur waren we aan de overkant, het leek goed te gaan. Helaas was de jachthaven vol en moesten we noodgedwongen voor anker tussen de ferryhavens. We lagen beschut door de metershoge zeewering, maar konden niet van boord en we hadden geen bijboot. Ze ontplofte en we kregen een felle ruzie. Ze huilde de hele nacht. Aan land gaan was geen optie, want dan zou ze linea recta terug naar huis keren. Na een ellendig nacht waren het tij en de wind gunstig voor een dagtocht naar Eastbourne in zuidwesterlijk richting langs de Engelse kust. Mijn ega temperde wat, maar echt vrolijk werd ze er niet van, wat zijn weerslag vond in een bedompte vakantiesfeer aan boord.

Het einddoel van deze vakantie was het Isle of Wight, dat we in dagtochten bereikten. Op het eiland meldde ik haar dat we drie dagen konden blijven, maar dat we dan aan de terugtocht moesten beginnen, want in dit tempo en met een mogelijke weersomslag dienden we daar tien tot veertien dagen voor uit te trekken.

Haar onweergezicht zette weer op, en ik stelde haar voor dat we een week op Wight zouden blijven. Ik zou dan alleen terugzeilen. Zij en de kinderen konden dan met de trein en de ferry terug. Ze stemde toe en de sfeer aan boord veranderde op slag. Die week hebben we genoten van het eiland en van onze kinderen.

Ze probeerde een opstapper voor mij te regelen voor de terugtocht, wat ik resoluut weigerde. Het leek me heerlijk om solo te zeilen en mijn eigen plan te trekken. Ik, de boot en de zee

114

kwamen er wel uit.

Met de kinderen ging ze na een week van boord en ik had het rijk alleen, waar ik met volle teugen van genoot, al wist ik dat de definitieve breuk tussen mij en haar niet meer was te helen.

We waren voorgoed uit elkaar gedreven.

Nee, dit verhaal stuur ik maar niet naar Eva op. Ze zal me wel een bruut vinden, en daar kan ik haar geen ongelijk in geven. In die tijd was ik een echte drammer.

Tegenwoordig ga ik veel relaxter door het leven. *Live and let live*. Ik moet haar dus zien te paaien met iets wat zij wel als romantisch ervaart.

'Zeilen kan ook heel inspannend zijn, hoor, Eva. Ik heb vaak wedstrijden gezeild en dat was topsport, maar ik begrijp dat varen niet aan jou is besteed, dus heb ik een ander voorstel. *Imagine this*:

Ken je manege Grol in Renesse? Ik heb daar eens met manegevrienden paarden gehuurd voor een strandrit. De groep bestond uit zo'n dertig personen en mevrouw Grol selecteerde de paarden voor ons. Ook onze eigen manegehouder uit Bavel was daar bij. Ik kreeg een paard toegewezen, dat op mij een niet al te fitte indruk maakte. Ik was er al lang blij mee, want ik deed dit voor het eerst en om nu gelijk met een Arabische volbloed over het strand te scheuren, leek me vanwege het nog onbekende niet zo'n geruststellend idee.

In een stoet trokken we door de duinen en het paard reageerde goed, al kreeg ik het dier niet aan de teugel, waarbij het hoofd zo mooi buigt en je voelt dat het paardenlichaam zich in alle spieren spant. Nageeflijk, noemt men dat in de paardensport, zoals je ongetwijfeld weet. Op de top van het laatste duin spitste mijn paard de oren fier voorwaarts en ik had moeite om hem in toom te houden. Het uitzicht over zee had een bijzondere uitwerking op hem. Iets wat ik ook aan andere paarden in de groep merkte. Het

115

was eb en bij de overgang van mul naar nat zand, werden we geïnstrueerd door de leidster. 'We gaan rustig beginnen en iedereen houdt mijn tempo aan,' sprak ze. 'Niemand komt mij voorbij, anders wordt het een zootje en dat kunnen we niet hebben, dan verlies ik mijn vergunning.' Dreigende woorden van een vrouw die heel goed wist waarover ze het had.

In arbeidsdraf zette ze zich in beweging en de rest volgde gedwee. Het strand was nagenoeg vrij. Hier en daar een koppeltje met of zonder hond en spelende kinderen. Ze blies op haar hoorn ten teken dat kon worden overgegaan tot galop. Die aansporing hoefde ik mijn paard niet te geven, want dat geluid zat bij hem ingebakken. Aanvankelijk wilde ik hem afremmen, want ik wilde in geen geval voorbij de leidster, maar er was geen houden meer aan en ik liet het dier over aan rengalop. Ik stond in de beugels met mijn hoofd naast het zijne. Je kent dat gevoel; de cadans van een paard op topsnelheid. Zilte klodders zand schoten rond onze hoofden, afgewisseld met opspattend water van mijn voorgangers. Voor ons stoven strandgangers uiteen om plaats te maken voor het aankomende geraas. Loslopende honden hapten naar de benen van paarden, waardoor de snelheid alleen maar toenam. Na zo'n tien minuten twee korte stoten op de hoorn. Automatisch minderen de paarden vaart en keerden we in stap terug naar de manege. Het was een onvergetelijke ervaring van achttien jaar geleden. Ik weet niet of deze tochten nog steeds worden georganiseerd, maar lijkt het je wat? Dan blussen we het af met cocktails in een van de strandpaviljoens. De rest mag jij invullen.'

♂ Ik weet uit een van haar jeugdverhalen dat ze in ieder geval ooit paard heeft gereden, dus verwacht ik dat mijn verhaal wel bij haar zal aanslaan.

♀ Hij doet het erom, dat kan niet anders. In een paar mails heeft hij alweer een trauma van mij blootgelegd. Ik twijfel of ik dit verhaal in de openbaarheid moet brengen. Het is nu eenmaal niet echt stoer om toe te geven dat je niet paard durft te rijden.

Of ik verzin gewoon een smoes, zeg dat ik allergisch ben voor paarden. Alhoewel, daar prikt hij natuurlijk zo doorheen.

Oké, vooruit, ik ga de waarheid vertellen. Ooit moet ik toch eens over deze schaamte heenstappen.

'Het is bijna knap hoe je precies al mijn fobieën en eigenaardigheden weet te raken.

Duizenden meisjes hebben dezelfde hobby. Duizenden meisjes zweren erbij. Vandaar dat ik het zelf ook maar eens ging proberen. Ik wilde weleens weten wat er nou zo geweldig aan was. Waarom alle meiden uit mijn klas en omgeving er zo jubelend over deden. Het moest toch wel waanzinnig zijn om dit te doen. Helemaal enthousiast gemaakt door al deze meiden gaf ik me op. Mijn leven zou een nieuwe wending nemen. Ik zou het paardrijden gaan ontdekken.

De eerste keer was een drama. Gelukkig was mijn paard al helemaal opgezadeld en *ready to go*, waardoor dat me bespaard bleef. Wat mij nog restte was erop klimmen. En dat is makkelijker gezegd dan gedaan. Ik deed mijn linkervoet in de beugel en probeerde mezelf omhoog te hijsen. Maar wat ik ook deed, omhoog kwam ik niet. Tot iemand me een kontje gaf. Ik probeerde mijn rechterbeen over het paard en zadel te zwiepen. Op zich ging dit wel, ware het niet dat een ongelofelijke kramp zich verspreidde in mijn rechterbovenbeen. Toen ik eenmaal op het paard zat, wilde ik er het liefst met een iets snellere gang weer af. Helaas werd deze gedachte al snel de grond ingeslagen, de paarden liepen in colonne achter elkaar. Hoe ik deze les ben doorgekomen weet ik niet meer. Het enige wat ik nog weet is dat ik een half uur lang mijn ogen dicht heb gehouden en voor het eerst in mijn leven begon te bidden.

Toch zette ik door. Ik heb het een jaar lang volgehouden en begon iets minder angstig te worden. Mijn instructrice vond ook dat ik vooruitgang boekte, iets wat mij op dat moment een wonder leek. Om haar woorden kracht bij te zetten stelde ze voor dat ik die dag voorop mocht rijden. Trots zadelde ik mijn paard op, ook dat kon ik inmiddels.

Vol goede moed besteeg ik mijn paard en spoorde aan om rondjes te lopen door de bak. De andere paarden met hysterische meisjes erop volgden mij al snel. Trots als een pauw keek ik om me heen. Mijn vader was die dag mee om te kijken, dus ik zou hem weleens laten zien dat zijn geld niet werd weggegooid.

Het eerste kwartier ging wonderbaarlijk goed. Ik begon er bijna zelf in te geloven dat ik toch wel iets had opgestoken tussen het bidden door. Tot dat fatale moment, waarop mijn paard over zijn eigen benen struikelde. Ik wilde wel gillen, maar er kwam geen enkel geluid uit mijn mond. Als versteend wachtte ik tot mijn paard zich weer hersteld had. Gelukkig gebeurde dit ook wonder boven wonder en sjokte hij vrolijk verder, alsof er niets aan de hand was. De rest van de les reed ik achteraan, trillend als een rietje.

Een normaal mens zou op dat moment accepteren dat zijn angst vele malen groter is dan zijn plezier. Ik niet. Ik wilde me niet laten kennen. Dus gaf ik mezelf tot overmaat van ramp op voor ponykamp. Dat bestond uit een week lang paardrijden. Joepie, wat een jolijt. De eerste dag begon al goed. We moesten kunstjes op een stilstaand paard zonder zadel doen. Uiteraard was het lot me weer gunstig gezind en mocht ik als eerste laten zien wat ik ervan terecht zou brengen. De bedoeling was dat ik een aanloopje zou nemen, mijn handen op de rug van het paard zou plaatsen en mijn benen dan op een onmogelijke manier dingen in de lucht zou laten doen, zodat ik, als ik terechtkwam, met twee benen elk aan een kant van het paard terecht zou komen. Na deze uitleg stond het angstzweet al in mijn bilnaad en nu moest ik het nog echt doen ook. Toch nam ik zonder aarzelen een aanloopje. Ik plaatste mijn handen op de rug van het arme paard en daarna gebeurde er iets verschrikkelijks. In plaats van mijn benen aan beide kanten terecht te laten komen, voelde ik mezelf door de lucht vliegen. Voor ik goed en wel in de gaten had wat er nou precies gebeurde, belandde ik met een harde plof op de grond aan de andere kant van het paard. De groep die toekeek kon niet meer stoppen met lachen. Ik had mezelf letterlijk over het paard heengeworpen.

De volgende dag stond ons eerste buitenritje op het programma. Ik vond een ritje in de bak al doodeng, laat staan een ritje in de vrije natuur. Het ging dan ook mis. Tijdens het galopperen werd ik alle kanten op geslingerd. Takken van bomen sneden in mijn armen, benen en gezicht. Onderweg heb ik ook nog een stuk of drie vliegen doorgeslikt die ik niet meer kon ontwijken. Weer bij de manege aangekomen keek de instructrice me verbaasd aan. Ze vroeg wat er in hemelsnaam met mij gebeurd was. Zonder te antwoorden ben ik naar mijn fiets gelopen en naar huis gereden. Ik ben de rest van de week niet meer teruggekeerd.

Je zou denken dat ik nu toch echt mijn lesje wel geleerd had. Wederom fout. Ik heb nog één poging gewaagd, jaren na het bewuste ponykamp. Ik had op televisie een film gezien waarin de hoofdpersoon op een paard in galop over het strand zoefde. Het zag er zo fantastisch uit. De snelheid, de vrijheid, het geluk. Dat moest ik toch ook kunnen?

Dit keer koos ik voor privélessen. De eerste paar lessen verliepen precies zoals het hoort. Ik begon er plezier in te krijgen en snapte niet waarom ik het ooit eng had gevonden. Het stappen en draven ging van een leien dakje. Niets kon mijn geluk meer in de weg staan. Ik snapte nu eindelijk waar al de meisjes het vroeger over hadden.

Na een paar lessen vond mijn instructrice dat ik eraan toe was om te galopperen. Ik kon dat alleen maar beamen. Nog even en ik zoefde ook over het strand. Ik spoorde het paard aan. Meteen ging hij over in een geweldige galop. Ik niet. Ik vloog alle kanten op en de instructrice riep mij allerlei bevelen toe. Door de paniek hoorde ik geen woord van wat ze riep. Het enige waar ik op dat moment mee bezig was, was overleven. Inmiddels was het topdrukte in de bak. Van alle kanten kwamen er mensen aangestormd om mijn paard tot stoppen te manen. Hij had er duidelijk schijt aan, want hij stoof als een idioot door de bak met mij hopsend op zijn rug. Dat hij niet zou stoppen werd me al snel duidelijk, dus zat er nog maar één ding op: vasthouden, ogen dicht en bidden. En dat was een grote fout. Ineens bleef mijn voet achter een obstakel in de bak steken. Wat het precies was kan ik je niet vertellen, aangezien ik alleen een zwart gat zag. Ik voelde hoe ik werd gelanceerd. Voor de tweede keer in mijn carrière als paardrijdster belandde ik met een smak op de grond. Ik verbeet de pijn, liep naar de instructrice, gaf haar al mijn spullen en ben zonder een woord te zeggen naar buiten gelopen. Ik zwoer mezelf nooit meer een voet op manegebodem te zetten.

Tot nu toe heb ik me er altijd aan gehouden. Geen haar op mijn hoofd die eraan denkt om het ooit nog een keer te proberen. Als ik tegenwoordig iemand in een film voorbij zie sjezen kijk ik snel de andere kant op, uit zelfbescherming. Het is werkelijk levensgevaarlijk om mij in de buurt van een paard neer te zetten. Daarom vertel ik dit verhaal. Zodat ik deze belofte aan mezelf nooit zal verbreken.

P.S. Cocktails zie ik wél zitten.'

♂ Jammer, dat het paardrijden er dus niet inzit, dan moet ik maar even voortborduren op die cocktails?

'Oké, iets met cocktails dus, maar eerst nog even dit;

Op de manege ontmoette ik mijn oude buurmeisje. Haar dressuur met haar Friese paard was ongekend. Kunst met een grote K. Heel statig met haar hoge hoed en perfecte houding in combinatie met de lange zwarte manen van haar paard.

Vroeger, ik was een jaar of 11 en zij 16, had ik Rode Hond opgelopen. Voor vrouwen is dit een gevaarlijke ziekte, waar ze onvruchtbaar van kunnen worden. Buurvrouw stopte ons in één bed en we moesten maar lekker tegen elkaar aankruipen. Als zij de ziekte zou krijgen, dan was ze daar in ieder geval voor de toekomst vanaf. Redelijk bizar. Ze was de *dreamgirl next door*. De droom van elke snotaap van 11 jaar en ik voelde iets tussen ons groeien, verder gebeurde er niets. Ik weet niet meer of ik haar heb aangestoken. Ze is kinderloos gebleven.'

♀ Han, niet doen! Nu krijg ik nog meer een zwak voor je... En wat vreselijk. Stel dat ze daardoor kinderloos is gebleven?

'Cocktails drinken is een optie, maar ik wil je wel alvast voorbereiden.
     Voor je dit verhaal gaat lezen wil ik een waarschuwing geven. Heb je een zwakke maag, lees dan niet verder. Vind jij menselijke sappen smerig, dan is dit ook niet het juiste verhaal voor jou. Ben je ondanks dit nog steeds benieuwd, dan kan ik alleen zeggen dat ik je toch echt gewaarschuwd heb.

Tijdens je eerste date maak je jezelf vaak zorgen om van alles en nog wat. Zie ik er mooi uit? Ruikt mijn adem goed? Vindt mijn date mij wel leuk? Wat moet ik zeggen?
     Maar soms gebeuren er dingen waar je geen rekening mee gehouden hebt. Je lichaam gooit roet in het eten.

Toen ik een jaar of zestien was, werd ik smoorverliefd op een jongen die bij de kassa van de Albert Heijn werkte. Ik kwam er elke dag om de meest nutteloze voedingsproducten aan te schaffen.

Op een dag was mijn vriendin het zat. Ze kon geen Albert Heijn meer zien en eiste dat ik nu in actie zou komen. Ik was het volkomen met haar eens. Inmiddels had ik een behoorlijke schuld opgebouwd door dit geintje.

Aangezien ik vooral van moeilijk doen houd, besloot ik zijn werk te bellen. Toen ik zijn collega aan de telefoon kreeg legde ik uit dat ik verliefd was op die ene jongen achter de kassa en dat ik hem wilde verrassen. De mevrouw aan de lijn was razend enthousiast en gaf me zijn telefoonnummer. Ja, ik was daar zelf ook verbaasd over. Maar gelukkig pakte het goed uit.

Diezelfde avond nog belde ik hem. Om het mysterieus te maken vertelde ik hem niet wie ik was, maar wel dat ik verliefd op hem was. Als hij erachter wilde komen wie hij aan lijn had, moest hij die avond om acht uur bij de bibliotheek staan. Hij stemde in en om kwart voor acht lag ik in de bosjes te gluren of hij zou komen. Om stipt acht uur stond hij er en kwam ik tevoorschijn. Wonderbaarlijk genoeg bleek het te klikken en we spraken af om op een zaterdag uit te gaan.

Ik was behoorlijk zenuwachtig voor de date. Tijdens het stappen kwam er bijna geen woord uit mijn keel. Gelukkig ging hij wél praten van de zenuwen, anders was het behoorlijk saai geworden.

Naarmate de avond vorderde kwam ik steeds losser en hadden we ontzettend veel plezier. Toch kon ik maar aan één ding denken: ik wilde hem graag zoenen. Maar ik had de moed niet om het initiatief te nemen.

Toen het licht in de kroeg aanging, liepen we naar onze fietsen. Tot mijn grote vreugde stelde hij voor om nog even op een bankje te gaan zitten. Op het bankje pakte hij mijn hand en vroeg hij eindelijk of hij mij mocht zoenen. De zenuwen gierden door mijn lijf. Eindelijk zou het gebeuren. Ik sloot mijn ogen en boog mijn lippen langzaam richting zijn gezicht.

Op het moment dat onze lippen elkaar hoorden te raken, voelde ik een me ineens misselijk worden.

Kokhalzend trok ik me terug, maar het was te laat. Voor ik mijn hoofd kon wegdraaien, spuugde ik mijn maaginhoud over hem heen. Geschrokken sprong hij op en keek vol walging naar de etensresten die van zijn nieuwe jas dropen.

Je zult snappen dat het nooit iets is geworden met deze jongen.

Tijdens een andere date was ik al iets ouder, maar niet veel wijzer. Door de zenuwen voelde ik mij de hele dag al niet zo lekker. We hadden afgesproken in een restaurant met een intieme sfeer. De tafeltjes werden verlicht door kaarsen en je had genoeg privacy. Eigenlijk de ultieme setting voor een romantische date.

Niet dat ik romantisch ben aangelegd, maar dan snap je waar wij zaten.

Tijdens het eten maakte mijn buik rommelende geluiden. Om de spanning te verminderen, lachte ik het weg. Ik zou wel honger hebben. De jongen tegenover mij lachte vrolijk mee.

Op zich ging alles goed, tot het toetje kwam. De geluiden waren inmiddels behoorlijk luidruchtig geworden. De lacherige stemming was ook weg.

'Wil je anders naar huis, want dit klinkt niet goed,' zei hij nog. Maar ik weigerde mij te laten tegenhouden door zoiets lulligs.

Had ik nou maar wel geluisterd, want dan was het nooit gebeurd. Op het moment dat ik de eerste hap van mijn chocoladetoetje wilde nemen, voelde ik een enorme luchtbel in mijn buik. Voor ik het kon tegenhouden, ontsnapte de lucht met wat extra's.

Je kunt het vast al raden, maar ik liet een onvervalste natte wind.

Een penetrante geur vulde onze omgeving en zo snel als ik kon, maakte ik me uit de voeten, richting toilet. Opgesloten in het hokje bekeek ik de schade. Dit was niet meer te redden. Met een wc-papiertje haalde ik het ergste weg en mijn onderbroek gooide ik in het vuilnisbakje.

Terugkeren naar ons tafeltje vond ik geen optie meer. Ik ben het restaurant uitgerend en negeerde alle oproepen op mijn telefoon van deze jongen.

Heb je het verhaal toch uitgelezen? Dan weet je nu dat je lichaam niet te negeren is. Als je voor een date het gevoel hebt dat je ziek wordt, zeg dan af. Want zeg nou zelf, dit zijn geen ideale dates.'

'Ja, natuurlijk heb ik je verhaal uitgelezen. Ik hou van je sprekende schrijfstijl, hoe smerig die inhoudelijk ook is. Heb je dit ook bij cocktails? Hierbij een verhaal van mij waarbij restaurantbezoek volledig uit de hand liep.

'Laten we vanavond uit eten gaan,' stelde ik voor. Ik zag haar fonkelende ogen oplichten. Wat een geluk dat ik weer bij haar was, ook al voelde ik me heel schuldig door het egoïstische hoogverraad dat ik pleegde. We spraken af om halfzeven. Ik zou haar ophalen en zij zou oppas nemen voor haar kinderen.

Ik verliet haar woning en reed doelloos rond in Breda. Ik kon en wilde niet meer terug naar huis. Adrenaline spoot door mijn aderen. Inmiddels was mijn vrouw getipt dat ik plotseling het kantoor had verlaten zonder te melden waar naartoe. Ze voelde de bui al hangen en ik negeerde haar oproepen op mijn mobieltje. Even later wierp mijn schoonzus zich er strijdlustig in, door mij op mijn voicemail te melden dat het een klotestreek was om zomaar te vertrekken en dat ze me wel zou vinden. Zeker als ik met dat wijf was.

Tergend langzaam kroop de klok naar halfzeven en ik haalde haar op bij een parkeerplaats niet ver van haar huis vandaan.

'Alles in orde,' meldde ze me met een vibrerende hoge stem. Ze was net zo zenuwachtig als ik. We kozen voor het restaurant 'Koeien en Kreeften' in de binnenstad. Een van de weinige restaurants die op maandagavond waren geopend.

Onderweg werd ik weer gebeld door mijn vrouw. Ditmaal nam ik de telefoon op. Hysterisch stelde ze mij de vraag of ik bij haar was, wat ik koel bevestigde. Ik vond het niet makkelijk, maar ik moest nu mijn hart volgen. Ik kon simpelweg niet anders. De voorgaande maanden waren als een hel voor mij geweest. Terugkeren was geen optie.

In het restaurant kregen we haast geen hap door ons keel. De serveerster meldde ons vertederd dat het lang geleden was dat ze zo'n verliefd stel had gezien. We straalden alsof we het enige licht ter wereld voortbrachten. Tot ze werd gebeld door de oppas. Haar man was thuisgekomen (!) en had het van haar overgenomen.

'Je had daar moeten blijven,' zei mijn geliefde verontwaardigd, maar ze wist dat ze deze strijd niet in de schoenen van de oppas kon schuiven. Onze stemming sloeg om in bezorgdheid. Ongelooflijk dat we nu op de eerste schreden van ons intens geluk al direct tot de harde werkelijkheid werden teruggeroepen. Haar man wist op een of andere manier ook precies wat er aan de hand was.

Haar dochter, toen 11 jaar, krijsend aan haar telefoon. 'Papa heeft al jouw kleren verknipt en door het raam in de tuin gegooid en hij spoelt nu jouw sieraden door het toilet!'

Paniek maakte zich van ons meester. Dit ging helemaal fout. Snel verlieten we het restaurant. Inmiddels had ze haar zus gebeld, die groot respect genoot van haar man en dicht in de buurt woonde. Zij zou hem wel bedaren. 'Het is beter dat je nu even niet naar huis komt,' adviseerde ze, 'Kom maar naar mij toe. Koen (haar man) vangt jullie wel op.'

Haar zus en zwager waren er al een tijdje van doordrongen dat dit er als onafwendbaar aan zat te komen. Wij naar hun huis. Koen schonk ons koffie in en we spraken druk door elkaar wat te doen. 'Ik ga ernaartoe,' zei ik. Ik voelde me tenslotte zwaar verantwoordelijk. 'Nee!' zei ze, 'Ik bel de politie. Ik wil geen matpartij als mijn kinderen in de buurt zijn. Die hebben vanavond al genoeg geleden.' De dienstdoende agent nam het verhaal van haar op en beloofde direct actie te ondernemen.

Een halfuur later stapte haar zus binnen met drie vuilniszakken in iedere hand met daarin de verzamelde verknipte kleding. 'Ik heb hem kunnen bedaren. De politie is er nu en ik ga direct terug en blijf vannacht bij de kinderen. Dat heb ik met hem en de politie afgesproken. Hij gaat naar zijn neef in Oosterhout.'

Op van de spanning boekten wij die avond een kamer bij hotel Van Ham. De enige kamer met balkon op de bovenste verdieping in de binnenstad van Breda. In bed kropen we dicht tegen elkaar en streelde ik haar spanning weg. Na alles wat we vanaf die middag hadden veroorzaakt, wisten we nu zeker dat dit ons begin was, niet wetende dat ons leven samen altijd turbulent zou blijven. Die nacht verwekte ik onze zoon bij haar. Hij werd negen maanden en een dag later geboren. Autistisch, naar later bleek. Als een straf van God...'

♀ Ik kan nu heel hypocriet zeggen hoe erg dit is, maar ik heb het zelf ook meegemaakt. Toch is er een verschil ik werd verliefd op een andere jongen (een man kan ik het niet noemen) en het eerste wat ik deed was het vertellen aan mijn man.

Ik vind dat getuigen van respect naar je partner toe. Natuurlijk is er iets mis in je relatie als je gevoelens krijgt voor een ander, maar dan behoor je ook deze verantwoordelijkheid te nemen.

Ik krijg ineens een zin in mijn hoofd: Eens een vreemdganger, altijd een vreemdganger. Zou Han zo zijn?

'Al maanden was ik op zoek naar een *lookalike* van Josh Holloway. Zodra *Lost* begon, de serie waarin hij speelde, zat ik bijna in de televisie om elke millimeter van zijn huid te kunnen zien. Josh vertegenwoordigde voor mij de ideale man. Geweldig lichaam, ruig karakter en toch het kleine hartje. Zo mannelijk dat ik me automatisch een prinses voelde. Hoe hij in het echte leven was wilde ik dan ook helemaal niet weten. Dat zou een bittere teleurstelling zijn.

'Heb je jouw nieuwe onderbuurman al gezien?' vroeg mijn moeder me op een goede dag.

Ik zei van niet, want ik wist niet eens dat er al iemand in de flat schuin onder mij was komen wonen.

'Dan zou ik maar snel gaan kijken, want hij lijkt exact op Josh Holloway.'

Mijn hartslag schoot in de tiende versnelling en inwendig bedankte ik alle goden op aarde dat ze mij eindelijk mijn droomman hadden gegeven. Eindelijk waren mijn gebeden verhoord. Mijn karma was me goed gezind.

Een paar dagen later viel ik bijna flauw. Daar liep hij, in het echt nog mooier dan ik me ooit had kunnen voorstellen. Ik besefte dat ik deze kans niet mocht laten lopen, of beter gezegd deze man.

Als ik geen actie ondernam, zou ik voor eeuwig spijt hebben. Die avond zat ik me suf te piekeren hoe ik dit moest aanpakken toen een vriendin met de oplossing kwam. Als ik nou het kabeltje uit de televisie trok, kon ik bij hem aanbellen met de smoes dat de kabel was uitgevallen en vragen of hij wist wat ik nu moest doen. Ik vond het meteen een geweldig idee en besloot het uit te voeren. Lichtelijk zenuwachtig liep ik de galerij over naar zijn voordeur. Ik haalde diep adem en belde aan. Er was geen enkele beweging in huis te zien en mijn hoop begon om te slaan in paniek. Wat nu als hij niet thuis was? Ik belde nog een keer aan en na drie minuten liep ik terug naar mijn eigen flat.

Missie mislukt.

De rest van de avond zat ik voor me uit te staren tot ik ineens een lege fles op het aanrecht zag staan. Langzaam begon zich een nieuw idee te ontwikkelen in mijn brein. Ik pakte een pen en schreef een briefje.

Hallo,

Ten eerste welkom in deze blokkendoos. Ik heb je zien lopen en het lijkt me leuk je te leren kennen. Wellicht onder het genot van een wijntje?

Ik sloot af met mijn e-mailadres. Het briefje rolde ik op en stopte ik in de fles. Dit was het moment van de waarheid. Ging ik raak gooien of niet? Op mijn balkon probeerde ik mezelf moed in te spreken dat ik raak ging gooien. Op school werd ik altijd als laatste gekozen met gym omdat mikken niet mijn sterkste punt was. Sterker nog, als ik ergens op mikte belandde het object altijd geheel ergens anders. Ik voelde hoe ik mijn arm in positie bracht en met mijn ogen dicht gooide ik de fles. Raak! Hij was verdorie raak! Mijn euforie sloeg al snel om in twijfel. Maar was dit nou wel zo'n goed idee?

De volgende dag checkte ik om de vijf minuten mijn mailbox. Ik kreeg allesbehalve het mailtje waar ik op zat te wachten. Zo gingen de dagen voorbij en mijn hoop werd met de grond gelijk gemaakt. Mijn actie was op niets uitgelopen.

Een paar weken later kwam ik thuis van de boodschappen, toen de droom van een buurman voor de centrale deur van onze blokkendoos stond. Op het moment dat ik dichterbij kwam, kreeg ik de schrik van mijn leven. Twee bloeddoorlopen ogen keken me aan.

'Ben jij Eva?' vroeg hij met dubbele tong.

Ik besloot dat een leugen om bestwil in deze situatie geoorloofd was en schudde van nee.

'Jammer, jij bent best een lekker wijf.'

Snel vluchtte ik naar mijn huis en deed alle deuren op slot. Wat een drama was dit.

Mijn droomman was zwaar bezopen op klaarlichte dag. Dat was toch niet geheel mijn beeld van de ideale partner.

De volgende dag liep ik buiten druk om me heen te kijken of hij niet in de buurt was, toen iemand me riep. Ik kende deze man niet en vond het vreemd dat hij mijn naam wist.

Hij vertelde me dat hij wist van mijn flessenactie. Fijn, na de avond ervoor was ik inderdaad nog niet genoeg vernederd.

'Er is iets wat je moet weten over Fred. Hij is verslaafd en woont voor het eerst op zichzelf. Wij leren hem voor zichzelf te zorgen en een eigen leven zonder drugs op te bouwen.'

Ik slikte nog net op tijd in dat hem dat gisteren aardig gelukt was.

Mijn karma was me dus nog steeds niet zo goed gezind. Wat zullen ze een lol hebben daarboven om deze actie van mij. Laten we die Eva eens even een leuk geintje flikken, moeten ze gedacht hebben. Hun missie was in ieder geval wel geslaagd.

En ik? Ik kijk tegenwoordig weer *Lost* en heb besloten dat het maar beter is deze man niet in het echt te leren kennen en al helemaal niet iemand die erop lijkt.

Mijn fantasie is zoveel leuker.

♂ Wat een maffe griet die Eva. Bridget Jones is er heilig bij. Ze is volstrekt impulsief, en dat zijn de allerleukste mensen, die het hart op de tong hebben. Ik weet nu wel dat ze zacht van binnen is, maar ze heeft nog steeds een harde schil, zoals in haar stem. Zal ik haar mijn liefde al verklaren of nog even wachten? Ik ben nog maar twee kilo kwijt, wellicht dus nog niet de juiste timing en dat is alles in het leven, al valt het toeval niet te tarten. Ik zend haar nog een verhaal, dan heb ik nog wat bedenktijd.

'Ha die Bridget, sorry hoor, maar die gelijkenis kwam bij mij gelijk opzetten bij jouw laatste verhaal. Mafkees! Maar wel superleuk. Een 10.

Ik heb je een bekentenis te doen. Ik heb namelijk een cijferfetisj en dan met name voor het getal 9. Hoe ik eraan ben gekomen, geen idee, maar er van afkomen zal me wel nooit meer lukken. 9 is een magisch en heilig getal. Ook in de wiskunde. Tel de sommen van de tafel van negen maar eens op. De uitkomst is altijd 9. Kijk maar: 9 x 3 = 27 en 2 + 7 = 9. Een vicieuze cirkel en er is geen speld tussen te krijgen. Het beheerst mijn leven zodanig dat ik in een roes van 63 dagen mijn derde boek schreef. Ik schreef alsof ik vleugels had, at en sliep weinig met veel drank en tabak. De hoofdpersoon in mijn boek - het is een roman - ontdekt de *magische ruit,* een negenpunt figuur, die in de magie en in de wiskunde niet bestaat, maar wel de sleutel is tot de ontrafeling van de piramiden van Gizeh, de Nasca-vlakte in Peru en van de mysterieuze beelden op Paaseiland. In mijn boek daarover:

'Emile zakte achterover in het ongemakkelijke kuipstoeltje. Vanaf het moment dat hij de eerste punt op het papier had gezet, voelde hij dat hij zijn bewegingen niet zelf aanstuurde. Zijn hand had het wel getekend, maar hij had er geen controle over gehad. Hij kreeg er koude rillingen van.'

In het echt is me dit als schrijver ook overkomen. Het was tijdens een onwaarschijnlijk fel onweer en ik had dus ook geen controle over mijn hand. Een hele vreemde ervaring.

Ik veronderstel dat de *magische ruit* tot op heden als een van de

130

best bewaarde geheimen ter wereld geldt. Slechts bekend bij de allerhoogste top van de Illuminatie. Hoe ik daarbij kom? De *magische ruit* is de sleutel tot de geheimen van de wereld en past feilloos over het stratenplan van Washington D.C. De stad als de bakermat van de vrijmetselarij. Dan Brown en Thomas Horn hebben zich ook over dat stratenplan gebogen, maar ze kwamen er niet uit. Ze gingen uit van het verkeerde symbool. Het is niet een magisch vierkant (The Lost Symbol), maar een magische ruit.

Mijn vinding, uitvoerig in mijn boek beschreven, heb ik als intellectueel eigendom wereldwijd vastgelegd en binnenkort komt de Engelse vertaling uit.

O, ja: ik ben niet gestoord of zo.'

♀ Krijg nou wat, negen is ook mijn geluksgetal en laat ik nu juist gevoelig zijn voor dit soort dingen... Ook dringt het ineens tot me door dat Han me heeft uitgevraagd toen hij over het paardrijden en de cocktails begon. Of was het allemaal fictief? Eigenlijk wil ik hier helemaal niet over nadenken. Veilig achter mijn computertje is flirten natuurlijk heel leuk, maar ik ben niet op zoek naar iemand.

Toch vind ik Han een bijzondere man. Ik voel een klik en vertel hem moeiteloos over mijn leven. Aan de telefoon is hij altijd erg vrolijk, hij lacht veel, heel veel. En dat waardeer ik zo aan hem. Hij zorgt ervoor dat ik me volledig op mijn gemak voel bij hem. Doodeng dit.
    Ik besluit hem een verhaal te vertellen over mijn verslaving, eens kijken wat hij daarvan vindt.

'Ik ben op zijn zachtst gezegd nogal gefascineerd door het weer. Onze weervrouw noemde het ooit gekscherend weergeil en sindsdien sta ik in mijn vriendenkring bekend onder deze term.
    Het begint al zodra ik wakker word. Dan kijk ik snel uit het raam

wat voor weer het is en of de voorspellingen kloppen. Mijn tanden worden met een rotgang gepoetst en mijn broodje met een moordend tempo naar binnen gewerkt.

Dan is het eindelijk zover en kan ik mijn onrust stillen. Zodra internet geopend wordt kom ik meteen op de site van het KNMI uit. Deze site is al jaren mijn startpagina. Voorspellingen en nieuwsberichten lees ik een paar keer achter elkaar tot ik elk woord uit mijn hoofd ken. Daarna is de volgende pagina aan de beurt. Buienradar is mijn tweede beste vriend. Van elk wolkje en elk buitje bekijk ik de precieze loop. Ik pak nog net niet de atlas erbij om te bekijken via welke plaatsen en gehuchten deze donkere wolken precies lopen. Als te zien is dat ook maar iets mijn richting op komt, borrelt er energie in me naar boven. Ik voel me helemaal verwilderen en check om de vijf minuten de site of er al veranderingen zijn. Een bui zou zo maar uit kunnen sterven.

Net als alle andere Nederlanders klaag ik steen en been over het weer. Dan weer te koud, dan weer te warm, dan weer te droog, dan weer te nat, te veel wind, te weinig wind en ga zo maar door. Ik denk dat ook juist vanuit die onvrede mijn weergeilheid komt. Wie weet wordt het ooit eens perfect weer. Het zou zo maar kunnen gebeuren dat ik een dag niet klaag. Het is nog nooit voorgekomen in de dertig jaar dat ik op Nederlandse bodem vertoef, maar goed.

Nu zitten we helemaal in spannende tijden. Er zit veel onweer in de lucht. Al dagen hoor ik mijn vriendinnen elders in het land praten over de meest geweldige flitsen en donderklappen. Laat onweer nu juist een weertype zijn dat mij helemaal wild van opwinding maakt. Met kloppend hart vol verwachting zit ik dan ook de buienradar af te speuren naar die felle buien.

Het punt is dat mijn frustratie met die dagen ook behoorlijk gegroeid is. Het onweer is nu al meerdere keren recht op mijn stad afgekomen en precies ervoor uitgestorven. Meerdere malen heb ik op het punt gestaan mijn laptop door het raam te smijten uit pure woede en onmacht dat die buien mij niet gegund zijn. Ik ben in staat de weergoden eens flink op hun donder te geven en ze van hun flitsende wolken af te gooien.

Eigenlijk zou er een praatgroep moeten komen voor mensen zoals ik. Het begint een akelig probleem te worden. Ik kan niet goed meer functioneren als ik niet minstens om het kwartier een site over het weer kan bekijken. Zweet breekt me dan aan alle kanten uit, want wie weet wat ik allemaal mis. Weergeil klinkt leuk, maar het is een ware obsessie. En let op, het is besmettelijk. Bescherm jezelf en je omgeving. Voor je het weet heb je er een nieuwe verslaving bij.'

♂ Ze heeft dus ook een dwangmatige aanleg, grappig. Zo te lezen nogal een sterke. Het weer interesseert me niet zo, want zoals ik al schreef bestaat het niet en is het wat men er van maakt, een onbestaande waarheid. Regen is voor de een een zegen en voor een ander een crime. Weergeil blijft wel in een andere betekenis hangen. Zal ik het nu doen? Is het de juiste timing? Ga ik op mijn bek? Allemaal vragen … weg ermee. Ik denk aan de gevleugelde uitspraak van president Franklin Roosevelt toen hij vanuit zijn rolstoel - hij was voor 90 procent verlamd - met veel pijn en moeite opklom naar het spreekgestoelte en zich onsterfelijk maakte met de woorden: '*I rather die as an eagle, than live like a chicken*'. Mijn vingers gekruist.

'Lieve Eva,

Sorry voor de openhartige aanhef. Het stond er ineens en ik probeerde het nog te veranderen in 'Hoi' maar ik liet het toch staan en verzamelde moed om te schrijven wat ik voor je voel.
Je bent me vanaf de eerste dag dat we contact hadden al

opgevallen. Laat ik maar wat pedant uit de hoek komen: Ik herken talent van verre.

Gaandeweg onze wedstrijd raakte ik steeds meer door je gebiologeerd en zocht op het internet naar alle informatie die ik maar over je kon vinden. Sindsdien volgen jouw prachtig blauwe ogen mij overal en kan ik ze dromen. Ik weet niet waar dit toe zal leiden, maar je kent me een beetje en ik kan alleen maar eerlijk zijn, dat geldt ook voor de persoonlijke verhalen die ik je stuur. Zie het voorlopig maar als een meer dan warme belangstelling voor jou. Dit moest ik even aan je kwijt.

Professioneel is het in ieder geval niet en ik neem het risico dat onze samenwerking spaak loopt, want ik kan dan wel gevoelens voor je hebben, maar dat hoeft natuurlijk niet wederzijds te zijn.

Hoe dan ook: ik hoop niet dat de uitwisseling van onze prachtige levensverhalen er onder lijdt, want ik beleef er veel schrijfplezier aan.

Wat haal ik in mijn hoofd! Ik ben 22 jaar ouder!

Vergeef je me mijn ontboezeming?

Liefs, Han XXXX'

♂ Ze laat me bungelen. Ik hoor dagen niets van haar. Meestal is dat geen goed teken en aandringen kan alleen maar in mijn nadeel werken. Ik probeer mijn gedachten aan haar weg te drukken, maar echt lukt dat niet. Inmiddels hebben 33 uitgevers zich aangemeld voor de overstap. Alle contracten, dat zijn er 45, moeten worden omgezet. Een administratieve klus waar ik van vroeg tot laat mee bezig ben. Het leidt me gelukkig wat af anders zou ik knettergek worden. 33 is ook weer zo'n getal waar ik in mijn derde boek over schreef. Mijn alter ego deed er onderzoek naar.

'33 was het getal voor het totaal aantal menselijke ruggenwervels en Jezus was 33 toen hij werd gekruisigd. Het getal stond ook voor het internationale telefoonnummer van Frankrijk en verder vond hij een postorderbedrijf in 33-toerenplaten.

Daar kwam hij niet verder mee, totdat zijn aandacht werd getrokken naar een site over de vrijmetselarij. Daar bleek 33 een belangrijk getal. Vrijmetselaarsloges werden ook wel een Broederschap, het Ambacht en de Orde genoemd, las hij. Ze kenden drie klassen: leerling, gezel en meester, bestaande uit 33 gradaties, waarbinnen de leden konden opklimmen.

Vrijmetselaars hulden zich in geheimhouding, omgeven door symbolen waaronder het pentagram, ceremonies, doctrines en legenden in tempels. Emile wist er niets van en het was hem niet duidelijk of hun leer nu was gestoeld op het occulte of op religie.

Geheimhouding in een strakke hiërarchie hadden ze hoog in het vaandel. Leden, die veelal ook lid waren van een gevestigde religie, werden zwaar gestraft als ze de regels overtraden.

Emile concludeerde dat dit had geleid tot een schimmige religie, waarin machtige leden zeggenschap hadden.

Wereldwijd zes miljoen leden. Voor Emile stond het gelijk aan een doorgeschoten padvindersclub, waarvan de leden zich boven de maatschappij verheven voelden, al pretendeerden ze zich ten dienste daarvan te stellen. Het hoogst haalbare was de 33ste graad. Dan behoorde je tot de absolute top.

Emile tikte 33 in op Google en vond iets dat hij aan zijn vriend Gerard en zijn vriendin Jenny voorlas.

'Hier lijkt wel een relatie te bestaan,' en vatte de tekst op het scherm samen:

'In 2010 zaten 33 Chileense mijnwerkers 69 dagen vast onder de grond op een diepte van meer dan 600 meter voordat ze werden gered. Een voor een waren ze omhoog getakeld in een capsule genaamd *Fenix*. Een naam die niet toevallig was gekozen, en in de vrijmetselarij symbool stond voor de komst van de nieuwe wereldorde. De diameter van de schacht was 66 centimeter en mijnwerkers droegen T-shirts met een omgekeerd pentagram, als het teken van Satan. Het leek erop alsof de redding door vrijmetselaars was bekostigd en was georganiseerd. Dat werd versterkt door een groot volksfeest dat in Chili op de redding volgde. Wie had dat festijn betaald? Het feest leek meer op de euforie na het binnenhalen van de wereldbeker voetbal dan op een geslaagde reddingsoperatie.

'Ik ga naar bed,' zei Jenny, die op haar horloge wees.

'Het is 0.33.'

♂ Als ik de volgende ochtend mijn e-mail opstart, vis ik Eva's reactie er gelijk trillend uit.

Bericht verzonden: 0.33 uur!!

'Lieve Han,

Ik heb je mail meerdere keren gelezen en het duurde wat langer dan normaal voor ik antwoordde. Eerst wilde ik alles voor mezelf op een rijtje zetten.

Eigenlijk wil ik voorstellen om elkaar eerst in het echt te ontmoeten. Door onze mails en telefoontjes heb je een beeld van mij gevormd dat misschien niet klopt. Of wel, maar daar kunnen we maar op één manier achter komen.

Of ik hetzelfde voel? Dat weet ik niet, daarvoor wil ik je eerst in *real life* zien. Ik heb al vaker gedacht door bepaald contact met iemand via internet dat het enorm klikte. Negen van de tien keer klopt dit ook, maar stel dat wij nu net bij die ene keer horen?

Ik heb daarom een voorstel. Laten we voor elkaar dé ideale date regelen. Denk hierbij niet aan wat de ander leuk zou vinden, maar wat jíj als de perfecte setting zou zien.

Mocht ik gaan overgeven of bidden tijdens ons afspraakje, schrik dan niet. Een natte onderbroek is me één keer overkomen, maar wie weet gaat het nu wel. Ik stel dit voor in het kader van elkaar beter leren kennen. En ik vind het wel een uitdaging. We hebben elkaar immers door een wedstrijd een kijkje gegeven in elkaars leven, laten we de weddenschap nu maar eens verhogen?

Lijkt dit je wat?

Liefs, Eva'

♂ Gelijk het ijzer maar smeden, nu het heet is.

'Lieve Eva,

Pff, je liet me wel aan een draadje hangen de laatste dagen, maar ik begrijp het volkomen, en je hebt absoluut gelijk. Schreef je dat per ongeluk _negen van de tien keer_. Als het onbewust was, dan maak ik me geen zorgen. Ik stel voor dat we elkaar ontmoeten bij strandpaviljoen Zout in Zandvoort. Het is volgens mij de ideale ontmoetingsplaats in loungesfeer, waarvan ik denk dat je het geweldig zult vinden. Ik ben daar eens geweest. Ken je het?

Helaas kan dit echter op z'n vroegst pas over een week. Ik zit met allerlei deadlines voor het opstarten van ClusterEffect, maar ik kan je tot die tijd nog wel verhalen sturen, want eerlijk gezegd houdt dat me op de been. Geen contact tot aan het moment van ontmoeting, dat trek ik niet. Dus ik hoop dat je me ook nog wat prachtige verhalen kunt sturen. Ik kijk enorm uit naar onze date.
Liefs, Han XXXX

P.S. Ik denk dat ik verliefd op je ben.'

♀ Ik had net een nachtmerrie. Ik droomde dat ik een van mijn boeken aan Han met tien procent korting had verkocht. Ik had alleen de tien procent nog niet verrekend; ik had bedacht dat ik hem op de eerste van de maand € 1,80 zou terugbetalen. Detail of niet maar 1 + 8 = 9.

Han was woest dat ik het nog niet aan hem betaald had, echt woest en wilde niets meer met me te maken hebben.

In de volgende scene zat ik met een vriendin in een soort Hema chocoladetaartjes te eten. Ik nam net mijn laatste hap toen er twee ontvoerders op me afkwamen.

Hij wilde me laten ontvoeren om deze één euro tachtig van mijn familie terug te vorderen als losgeld voor mij.

Op het moment dat ik werd meegesleurd, werd ik wakker van een immense onweersklap. Ik moest er meteen aan denken dat ik Han onlangs het verhaal 'weergeil' had opgestuurd... Gered door mijn favoriete weertype omdat een 9 mij kwaad wilde doen. Zou het een teken zijn? Ik besluit om hem later vandaag verslag te doen van mijn nachtmerrie. Nog half slaapdronken zet ik koffie en open mijn mail. Wie weet heeft Han weer een nieuw verhaal gestuurd en kan ik de nachtmerrie van me af zetten. Gewapend met het bruine vocht neem ik plaats achter mijn laptop en mors pardoes de inhoud van mijn mok over mezelf heen. Lees ik dat goed? Han, verliefd op mij? Hij heeft me nog niet eens ontmoet! Wie weet vindt hij me in het echt wel een kreng. Of een monster met een kort lontje. Wat moet ik hier nou weer op antwoorden? En beter gezegd: hoe denk ik zelf over Han?

Laat ik eerst maar even de koffie van me af deppen, het begint aardig te branden. En daarna nicotine, daar heb ik nu dringend behoefte aan. Of nog beter: alcohol. Maar ja, daar is het toch echt nog te vroeg voor. Ik denk erover de Gall & Gall te overvallen. Han is, verdorie nog aan toe, van mijn moeders leeftijd. Hoe leg ik dit aan mijn omgeving uit?

'Hallo mammie, ik heb binnenkort een date met een man van jouw leeftijd. Verder geen zorgen, hoor. Hij heeft een wat turbulent seksleven achter de rug, maar je weet dat ik een soort leeuwentemmer ben en elke dag stiekem valium in zijn koffie doe zodat hij al snel knockout ligt.'

Nee, dat lijkt me geen goede binnenkomer...

'Mammie, ik heb een date, te gek hè!'

Nee, ik ben geen puber meer.

'Mam, je weet wel, Han, die man waarmee ik samenwerk? Nou, met hem heb ik dus een date.'

Nee, dat wil ze dus niet.

Verdorie! Een *secret lover* dan? Dat lijkt me wel wat. Als ik geen zoon van zeven had die voor zijn leeftijd nogal wijs is en alles doorheeft. Hij prikt zo door me heen. Oh, god, en mijn moeder ook. Dat was ik even vergeten. Eerst maar eens antwoorden.

'Lieve Han,

Het benoemen van de 9 was onbewust. Grappig dat het getal steeds terugkomt. Wist je trouwens al dat het mijn lievelingsgetal is zolang ik me kan herinneren? Moest ik ineens aan denken.

Ik ken Zout niet, dus ik laat me graag verrassen. Dat het pas over een week kan, is helemaal niet erg. Ik zit zelf ook met enkele deadlines, en dan heb ik tijd zat om mijn ideale date te plannen.

Wat dat wordt verraad ik nog niet, ik vind het leuk om je geheel in het duister te laten tasten. Maar dat het spannend wordt is een ding dat zeker is.

Tot die tijd doorgaan met de verhalen vind ik geweldig, dus kom maar op!

Liefs, Eva.'

'Lieve Eva,

Hierbij mijn motivatie voor strandpaviljoen Zout. Daar had ik jaren geleden een optreden met GolfOnTour, een vrachtwagen die was uitgerust met twee golfsimulatoren. Een absolute noviteit in de golfsport. Het concept was dat ik aanreed op de locatie, waar de klant mij had geboekt. Ter plekke klapte ik de truck semiautomatisch met lieren en oliedruksystemen uit tot een afmeting van honderd vierkante meter met aan weerskanten een overdekte kooi waarin virtueel kon worden gegolfd met echte clubs en echte golfballen. Vele sensoren in de vloer volgden de bal die naar een scherm van 5 bij 5 meter werd geslagen waarop in videoprojectie een hole op een golfbaan was afgebeeld. Zodra de bal het doek raakte vloog je met de bal de baan op, als in een videogame. Het was een elektronisch hoogstaande sensatie waarmee ik zo'n zeventig evenementen heb opgeluisterd.

Zo ook bij strandpaviljoen Zout. Boven aan de boulevard schrok ik me kapot. De toegangsweg tot het restaurant was bestraat, maar beneden moest ik een scherpe bocht maken om de truck op het zijterras te kunnen rijden. Dat zou op zich wel lukken, maar hoe ik de twaalf meter lange combinatie dan weer omhoog kreeg? Ik kreeg het er Spaans benauwd van. Na alles zo goed mogelijk gecheckt te hebben reed ik probleemloos naar het strandpaviljoen en klapte een zijde uit. Voor meer was ik niet geboekt. De gasten van mijn klant vermaakten zich kostelijk met *the longest drive* en om elf uur 's avonds klapte ik de vrachtwagen weer dicht. Ik liet hem op die plek staan en nam mijn intrek in een nabijgelegen hotel.

Dezelfde klant had mij geboekt voor de volgende dag in het Amsterdamse Bos, waar zijn longhitters-evenement zou plaatsvinden. Die nacht sliep ik slecht, want ik maakte mij ernstig zorgen of ik mijn truck zou kunnen keren en of ik dan ooit nog bovenaan de boulevard zou geraken. De volgende ochtend om 07.00 uur stond ik weer bij de truck en met veel steken lukte het me om hem om te draaien. Nu nog naar boven. Gelukkig had het die nacht niet geregend en waren de klinkers droog, anders had ik het helemaal wel kunnen vergeten. Ik hield mijn adem in, stuurde zo ruim mogelijk de bocht in en hoorde hoe de oplegger aan de voorkant over de klinkers schuurde. Snel gas erop om een paar meter later weer te voelen dat de achterzijde er ook niet vrij van bleef. De wielen spinden en met rook van de banden kwam ik na een tijdje los. Wat een opluchting toen ik weer op de boulevard stond. Ik trilde op mijn benen. Na inspectie bleek er schade aan de onderkant van de oplegger te zijn, maar vitale delen, zoals remleidingen waren niet beschadigd. In de klinkers diepe groeven en afdrukken van rubber.

Er is dus een hotel in de buurt op nog geen honderd meter afstand ☺

Liefs, Han XXXXX'

♀ Wat denkt hij nou? Dat ik meteen op de eerste date al naar een hotel ren? Nee, dan kent hij me nog niet...

♂ Hmm. Ik ben dol op verrassingen, maar bij iemand die ik nog niet voor honderd procent ken, heb ik er mijn twijfels over. Daarom ben ik er maar niet op in gegaan. Wat kan ik verwachten. Heeft Eva het erotisch bedoeld? Geen idee. Zolang ze het daar niet over heeft, heb ik haar maar een zetje gegeven met dat hotel. Niet dat seks belangrijk is, en zeker niet op een eerste date. Maar moet ik nu wel

141

of niet een tandenborstel meenemen. Ik hoop van harte dat ze me een aanwijzing stuurt.

'Lieve Han,

Wat kan ik me je spanning voorstellen! Je snapt dat ik die sporen natuurlijk van dichtbij wil bekijken als bewijs. Oh, enne, ik slaap op mijn eerste date toch echt thuis ☺.

Door ons contact weet ik inmiddels dat je graag grapjes maakt. Tijdens onze date zal jij je lol dan ook niet op kunnen als je het volgende van mij weet:

Ik neem de dingen die tegen me gezegd worden nogal letterlijk. Als mensen een geintje maken, dan ga ik er serieus op in. Dit levert uiteraard vaak grote hilariteit op, maar nog steeds heb ik er niet van geleerd. Nu maakt dit op veel momenten helemaal niet uit. Mensen vinden je schattig en ik kan er zelf achteraf ook wel om lachen. Maar de laatste keer lachte ik niet. En dit keer betrof het niet eens een geintje.

Een paar maanden geleden werden mijn nek en rug gekraakt door een chiropractor. Beide schenen namelijk behoorlijk vast te zitten en wervels zouden niet helemaal goed staan. Geweldige patiënt als ik ben, vroeg ik tijdens een sessie wat ik zelf kon doen om het herstelproces te bevorderen. Ik kreeg twee tips. De eerste was stoppen met roken. Dat advies ging het ene oor in en het andere weer uit. Ik heb veel over voor herstellen, maar ik stop toch echt niet met roken. Het tweede advies klonk me al iets beter in de oren. Ik moest joggen.

'Begin gewoon met honderd meter,' voegde ze eraan toe.

Honderd meter is te doen, dacht ik nog. Nu moet ik er wel bij vertellen dat ik nog nooit van mijn leven gesport heb. Ik vind het zinloos tijdverdrijf waarvan het enige effect is dat je drijfnat van het zweet raakt. Toch ben ik overstag gegaan en 'sportte' ik een beetje. We hebben namelijk een Wii Fit in huis. Dat is zo'n geweldig apparaat waarmee je spelenderwijs leert bewegen. Op die manier krijg je iedereen aan de fitness. Het toeval wil dat je er ook op kunt joggen. Ik zou mijn chiropractor wel eens even laten zien hoe goed ik naar haar luisterde.

Zodra ik thuiskwam van deze sessie zette ik de televisie aan, plugde de Wii erin en startte het joggen op. Je kon kiezen uit twee mogelijkheden, zag ik. Een kort stukje en een lang stukje. Laten we maar beginnen met het korte stukje, dacht ik. En daar ging ik. Ik jogde door de huiskamer alsof het een lieve lust was. Het voelde geweldig. Wat me extra motiveerde was dat de Wii steeds dingen riep als: 'Je bent een fantastische renner! Je hebt een geweldig tempo! Ga zo door!'
    Als kind heb ik op remedial teaching voor gym gezeten, dus je begrijpt dat ik me zielsgelukkig voelde. Achteraf blijkt dat ik al mijn hele leven astma heb en dat ik daardoor na de eerste vijf minuten gilde om zuurstof en verlossing, maar dat terzijde.
    Eindelijk lukte het me en kreeg ik nog complimenten ook. Voor het eerst in mijn leven werd ik geprezen om deze fantastische prestatie. Na drie minuten jogde ik door de finish. Niet alleen het poppetje op de televisie sprong van blijdschap, ik sprong vrolijk mee. Als ik zo geweldig ren, red ik dat lange stukje vast ook wel, schoot ineens door mijn gedachten, en al snel jogde ik verder. Dit stukje was wel even iets zwaarder, maar dat interesseerde me niet. Het ene compliment na het andere vloog weer over het beeldscherm. Daar was het me allemaal om te doen, die erkenning. Uiteindelijk plofte ik een half uur later op de bank met een zak chips nadat ik een tijdlang in een zakje had geademd. Ik was maar wat trots op mezelf.

De volgende dag was ik een stuk minder trots. Ik wilde mijn bed uitstappen tot ik ineens bemerkte dat ik spierpijn had. O ja, dat was het grote nadeel van sporten. Mijn kuiten leken wel in de fik te staan. Ik moest dit anders aanpakken. Langzaam schoof ik naar de rand van het bed en ging zitten. Mooi, dat was mij gelukt. Daarna wilde ik opstaan, maar ik had hier al snel spijt van. Ik kon mijn rechterbeen met geen enkele mogelijkheid recht op de grond zetten. Plat op mijn voet staan veroorzaakte zo'n kramp, dat ik jammerde van de pijn. De enige houding die nog enigszins ging was op mijn tenen staan. En zo liep ik de hele dag door het huis, voorzichtig op mijn tenen.

Ik vind de Wii maar gevaarlijk. Ik nam de complimenten veel te letterlijk. Beetje jammer dat ik het advies van de chiropractor daarentegen niet helemaal letterlijk heb genomen. In plaats van honderd meter heb ik drie kilometer gejogd. En voor een onervaren sporter als ik, is dat geen aanrader. Daarom heb ik besloten niet alles meer zo serieus te nemen. Ik denk dat ik daar een stuk verder mee kom.'

♂ Weer een leuk stukje van Eva, dat wel, maar de verrassing is dus niet van erotische aard. Dat kunnen we wel vaststellen. Geeft niet, ik ben wel in voor een geintje. Maar toch neem ik mijn tandenborstel maar mee, je kunt nooit weten.

'Lieve Eva,

Dank voor je prachtige verhaal, een 8. Ik hou van mensen die om zichzelf kunnen lachen, want die zitten goed in hun vel. Ik lach me de hele dag kapot om mezelf. Je bent geen autist, en zoals je weet is mijn jongste zoon dat wel. Hij is nu 13. Autisten nemen alles letterlijk. Zo zal hij bijvoorbeeld niet naar buiten gaan als het pijpenstelen regent, want dan krijgt hij vast een pijpensteel op zijn hoofd. Met pijpensteel wordt overigens de ranke witte steel van de Goudse pijp bedoeld. Gelukkig is hij een Nederlander, want wat te denken van 'It's raining cats and dogs'!

Met Sinterklaas kreeg hij een chocolade letter, de 'S' en ik vroeg hem waar die letter van was. 'Van chocola,' zei hij. Mijn ex en ik lagen dubbel van het lachen.

Ik ben benieuwd wat je voor mij in petto hebt, en probeer te bedenken wat dat kan zijn. Zijn daar ook anderen bij betrokken? Kom je met twee kamelen aanzetten?

Liefs, Han XXXXX'

♂ Aansluitend stuur ik haar mijn reactie op haar nachtmerrie.

'Interessant hoor dromen en nachtmerries. In mijn eerste boek beschrijf ik er ook een:

Ik zweefde uit mijn bed door het plafond en zag in spiraal en snel tempo het huis steeds kleiner worden. Het leek op een omgekeerde glijbaan in een subtropisch zwemparadijs. Ik kwam op een draaischijf terecht met middelpuntvliedende kracht. Ik kon de buitenrand van de schijf niet zien, alleen het gat in het midden. Ik wist niet of ik elk moment van de schijf af kon vallen. De schijf stopte. Alles duister. In de verte een licht dat naderde. Steeds sneller en sneller als een aanstormende trein met een grote koplamp. Geluidloos. In een reflex trok ik mijn benen op ter bescherming en een paar meter voor mij stopte het aanrazende licht. In het midden van de verlichte bol zag ik een zwart puntje dat met dezelfde snelheid op mij af stoof. Dat matigde het felle licht. Ook dit stopte een paar meter voor mij en het geheel vormde een ring. Zuiver van vorm. Ik was gedesoriënteerd en wist niet meer in welke richting het gat van de schijf te vinden was. Ik stond op en stapte door de ring. Meteen werd ik als een raket afgeschoten met zo'n kracht dat het me duizelde. Ik raakte buiten bewustzijn, onduidelijk voor hoe lang, maar ik kwam bij bewustzijn op een bospad. Mijn nagels in het zand. Verdwaasd keek ik om me heen. Niets te zien. Alleen bomen links en rechts. Het pad kaarsrecht erdoorheen. Oneindig ver. De zon stond in het verlengde van het pad aan de hemel, aan beide kanten. Er waren dus twee zonnen.'

'Bijzondere droom, Han! Weet je al voor jezelf wat het betekende?'

'Ja, maar pas twee boeken later, waarin mijn alter ego het OgenOOtschap opricht. De ring in mijn droom was de letter O, die in het boek een belangrijke rol speelt. Mijn alter ego wordt gezien als de nieuwe profeet met als gevolg dat hij ernstig wordt bedreigd en zich schuil moet houden voor zijn vijanden. *Weird*!'
   'Han, dan weet je wel zeker dat je op de goede weg zit en dat je het onbewust allemaal al wist of dat het een teken was dat je later pas kon plaatsen. Ik geloof in dat soort dingen. Erg mooi, zeg!'

'tHANxxx'

'Kom ik weer met een verhaal, Han. Mijn poes Sookie (nee, dat is toch echt de naam van een dierlijke poes, dus niet te verwarren met een vrouwelijk lichaamsdeel) en ik zijn nog niet echt een perfect duo. Ze brengt van alles om: vliegen, muggen, vogels (auw, auw, auw), maar geen spinnen en immense motten. Daar slaat ze wat liefjes naar met haar scherpe nageltjes en dan kijkt ze mij aan met een blik van 'yo, jij daar! Hé, leuk, geweldig, lief, prachtig mens, breng dat eens voor me om, dan peuzel ik het op'. En dan ga ik weer schelden: 'Hé, yó! Geweldig, lief, prachtig poezebeest, vermoord die spin/mot gewoon en vreet 'm op'. Maar dat weigert ze dus gewoon. Ze kijkt me aan, doet geen fluit en lijkt te denken: overwin jij je angsten maar eens, dan overwin ik de mijne door ze op te eten. En zo zijn wij veranderd in het 'bange duo'. Ik gil moord en brand terwijl ik spinnen en motten dood (de paganist in mij vindt dit gerust een vreselijke gedachte, geen zorgen, maar hoe paganistisch ook, het blijven wezens die zorgen voor nachtmerries) en Sookie kauwt voor haar leven, kwat tussendoor wat vleugeltjes en pootjes uit en kokhalst geregeld. Voor ons dus nog geen catwoman-kostuum, hoezeer ik dat ook ambieer. Nee, wij zijn liever lui dan moe en wachten rustig af wie er als eerste toch maar opstaat met haar immense vetrollen.'

♂ Paganist? Dat is toch een heiden, een ongelovige? Dat snap ik niet helemaal in haar verhaal. Wellicht bedoelt ze iets anders. Sportief is ze in ieder geval niet en als ze wat pondjes meer heeft, dan is dat mooi meegenomen. Dan steek ik niet zo af. Ik heb inmiddels mijn ochtendzwemmen met een halfuur verlengd, want ik wil er zoveel mogelijk aan doen om van mijn pafferigheid af te komen.

Vroeger, met mijn eerste vrouw hadden we ook een kat. Mijn achterbuurman was er getuige van dat ik hem doodreed. Bij het indraaien van het woonerf reed hij met zijn auto achter mij aan in de donkere vooravond. Na een tiental meters een verkeersdrempel. De kat rende enthousiast op mijn auto af. Dat deed hij altijd, de sukkel. Nu werd hij verblind door mijn koplampen en liep recht onder mijn linker voorwiel. Buurman zag in zijn licht zijn wijd opengesperde bek toen ik onfortuinlijk over hem heen reed. Hij strompelde naar nabijgelegen struiken.
    De dierenambulance werd gebeld. Poes werd met dikke handschoenen onder een bramenstruik vandaan gehaald en hij beet vervaarlijk om zich heen. Ik droeg het arme beest samen met de ambulancebroeder het busje in. Het achterlijf voelde aan als een zak losse botten. Die nacht kreeg hij een spuitje.

147

Ik denk dat Eva onpasselijk wordt van dit verhaal, dus stuur ik het haar maar niet op. In plaats daarvan zal ik haar een vraag stellen.

'Eva, even zonder dollen, wat zoek jij in een relatie?'

♂ Ik geef het op. Weer dagen niets van Eva. Ze heeft het druk, maar types zoals zij hebben multitasking toch uitgevonden! Ze kunnen met een kind op schoot een uitgeverij leiden. Laptop in de aanslag, in de andere hand een mobieltje in gesprek met een weerbarstige auteur. Een oog gericht op het fornuis en in de tussentijd met haar kind meekleuren. Ze weet niet wat ze kleurt, maar kleurrijk wordt het wel gevonden. Ik denk aan de woorden van mijn tweede ex; 'als vrouwen hun handelingen kunnen opnoemen, valt het allemaal nogal mee.' Ik zoek op het internet naar afbeeldingen van Eva en vind er een paar die ik nog niet eerder had ontdekt, of die nog maar pas aan de elektronische snelweg zijn toegevoegd.

De tv staat aan, een Amerikaanse film met highschool stereotypes. Verveeld werp ik er een blik op en herken een beeld uit mijn jeugd. Voor het laatst pers ik er een bericht aan Eva uit. De dood of de gladiolen.

'Lieve Eva,

Ik heb onverwacht wat foto's van je gevonden op het internet, die ik voorheen over het hoofd zag. Je bent nog prachtiger dan ik in mijn wildste dromen voorstelde en je doet me denken aan Judith Alberda Jelgersma, geboren uit een geslacht van grootgrutters. Haar familie, oud geld, prijkt in de Quote 500. Ze zat bij mij in de klas, in de tweede brugklas mavo-havo op Scholengemeenschap Markenhage.

Ik was 14 en aan het begin van dat schooljaar keek ik verveeld om me heen. Bagger. Niet een leuke griet om mee aan te pappen. Judith viel niet op, ze zat achteraan. Totdat ik haar schoonheid ontdekte. Donker haar, met een strakke pony, geen geluid, niets opvallends, verlegen, maar wat een intense diepgang. Ze trok me aan als een magneet. Ik was bepaald geen macho in die dagen en overigens nog steeds niet, maar binnen twee weken lukte het mij: ik zat naast haar. Ze lachte timide naar mij, als de klik die je waarschijnlijk alleen als puber ervaart. Kippenvel.

De volgende dag, verscheen ze niet op school. De directeur kwam om 9.00 uur het lokaal binnen. Zijn gezicht stond bedroefd. Judith had een ongeluk gehad op haar fiets op weg naar school. Dood! Overreden door een bietenwagen.

Sorry, ik associeer je niet met de dood, integendeel, maar daar moest ik aan denken toen ik foto's van je zag, als de liefde die mij niet was gegund.

Liefs , Han.'

♂ Het is feest, de volgende ochtend krijg ik twee e-mails van haar.

'Prachtig verhaal! Hoe tragisch de afloop ook is. Het doet mij denken aan mijn grote liefde, op een geheel andere manier onbereikbaar.

Als er iets is wat veel mensen willen weten, dan is het wel hét geheim hoe je degene die jij leuk vindt het hoofd op hol kan brengen. Een paar jaar geleden zat ik op een schildercursus. Vraag me niet waarom, want ik kan nog steeds niet schilderen. Al snel viel een bepaalde man me op. Grove blonde krullen, een mooi gezicht, altijd vrolijk en heerlijke pretoogjes. Ik wist het al snel, deze man wilde ik veroveren. Maar toen kwam de grote vraag om de hoek kijken: Hoe moest ik deze man zover krijgen dat hij mij zag staan?

Op een avond zat ik in zo'n tijdschrift speciaal voor vrouwen te bladeren. Plots viel mijn oog op een artikel waarin het antwoord op mijn brandende vraag te vinden was. Gretig nam ik elk woord in me op en voor de zekerheid las ik het artikel een tweede keer. Je weet immers maar nooit wat je over het hoofd ziet. Mijn euforie was daarna groot, het antwoord was zo simpel als wat.

Volgens dit artikel volgen wij mensen onbewust onze neus. Geuren vertellen ons meer dan duizend woorden. Geur is het ondergeschoven kindje van de zintuigen en dit is vaak onterecht. Geur wordt door de mens meer gebruikt dan we denken. Ook onbewust spelen geuren, zoals feromonen, in ons leven een rol. Bij de aantrekkingskracht tussen de seksen neemt geur een belangrijke plaats in. Dit gebeurt echter onbewust, deze geur wordt namelijk niet geroken, aldus het artikel.

Die feromonen, daarin lag het antwoord. En er was goed nieuws! Je kon de natuur een handje helpen. Je hoefde alleen maar een beetje White Musk op je te spuiten en de mannen zouden in bosjes achter je aan rennen.

De volgende dag scheurde ik opgetogen op mijn fiets naar de drogist. Zodra ik aankwam, zette ik mijn fiets op slot en rende naar binnen, recht op de kassa af.

Na de geijkte begroeting, die me veel te lang duurde, vroeg ik of ze ook White Musk verkochten. Jazeker, wist de caissière me te vertellen. Mijn haast probeerde ik te verbergen en ik liep zo rustig mogelijk achter haar aan. Bij de parfums aangekomen pakte ze het ene flesje na het andere. Bij iedere uitleg begon het me meer te duizelen.

'Heeft u ook een parfum waar alleen White Musk inzit?' vroeg ik, toen ik het zat was.

'Dan moet je naar The Body Shop gaan. Zij hebben deze geur onverdund en kunnen er parfum van maken,' hoorde ik een andere klant naast me zeggen.

'Bedankt,' riep ik, terwijl ik de winkel uitstormde en de caissière verbaasd achterliet.

Gelukkig zat The Body Shop in dezelfde straat, waardoor er niet al teveel tijd verloren ging. Daar aangekomen bleek de klant gelijk te hebben. Tien minuten later stond ik buiten met het wondermiddel in mijn handen.

De avond van de cursus bereidde ik me goed voor. Ik trok een strakke spijkerbroek aan, een truitje met een V-hals, waardoor mijn decolleté goed uitkwam en maakte mezelf zorgvuldig op. Vlak voor ik wegging, spoot ik het wonder in mijn hals en druppelde een beetje op mijn polsen. Normaal vind ik parfum een verschrikking. Sterker nog, ik word er vaak misselijk van. Daarom was mijn verbazing groot dat ik van deze geur alles behalve kokneigingen kreeg. Ik was overtuigd, dit moest werken.

Toen ik mijn plaats innam achter de schildersezel kwam de eerste man naar me toe.

'Ik heb een beetje een brutale vraag. Zou jij een keer met mij mee uit willen?'

Mijn mond viel bijna open van verbazing. Inwendig gilde ik hysterisch, had ik dit middel maar eerder ontdekt. Helaas was deze man niet mijn type en met een smoes wimpelde ik hem af.

Vanaf dat moment overkwam dit me elke week. Uiteindelijk had iedereen van de cursus mij mee uitgevraagd, behalve de man om wie alles draaide. Hij deed vriendelijk, we hadden samen de grootste lol, maar de vraag die ik wilde horen kwam maar niet. Ik raakte met de week meer gefrustreerd. Hoe kon dit gebeuren? Was zijn reukorgaan soms onderontwikkeld? Was hij als enige man op aarde niet gevoelig voor geuren? Wekenlang piekerde ik mij suf over dit raadsel.

Na een paar weken kreeg ik mijn antwoord. Zoals gewoonlijk was ik veel te vroeg aangekomen en besloot met mijn medecursisten een kopje thee in de kantine te drinken. Ik bleef de deur in de gaten houden voor het geval hij naar binnen zou stappen. De anderen babbelden er vrolijk op los en ik had moeite mijn aandacht erbij te houden. Plotseling drong een zin wél tot me door.

'Ik heb onze grote vriend nog niet gezien,' zei een vrouw, terwijl ze met haar hand een gebaar maakte dat iedereen snapt. Het kwartje viel als een donderslag bij heldere hemel. Gegeneerd wendde ik mijn blik af, ondanks dat niemand wist van mijn heimelijke gevoelens voor hem. Vandaar dat de man niet gevoelig was gebleken. Het lag helemaal niet aan de geur. Het lag aan het simpele feit dat ik borsten heb.

Sinds ik de waarheid wist, waren mijn oogkleppen afgevallen. Dat ik nooit gezien had dat hij op mannen valt was werkelijk waar knap. Hij bleek het prototype, als zoiets al bestaat, van een homoseksueel. Zijn bewegingen waren zelfs vrouwelijker dan die van mij. Nooit heb ik iemand over mijn gevoelens verteld. De schaamte was te groot.'

♀ Oké, daar gaan we. Ik ben nogal een vrijheidsdier – niet te verwarren met bindingsangst, al zal ik daar vast ook een vorm van hebben – en niet iedere man waardeert dat. Ik ben benieuwd wat Han van mijn antwoord zal vinden.

'Lieve Han,

Wat ik zoek...

Tja, dat is eigenlijk een goede vraag, want ik zoek eigenlijk niets. Ik ben heel bewust al twee jaar alleenstaand, tenzij ik diegene ontmoet die dezelfde leefwijze heeft als ik.

Door ervaringen in het verleden heb ik geleerd dat het hebben van verwachtingen niet altijd de juiste weg is. Want waarom verwacht je van mensen, en dan vooral in een relatie, dat ze zus of zo zijn? Is dat wel eerlijk naar de ander toe? En dan is natuurlijk de vraag: wat heb je er uiteindelijk aan? Je wordt dan in de meeste gevallen alleen maar teleurgesteld.

Je kunt iemand niet veranderen of verwachten dat hij zich volgens jouw maatstaven gedraagt.

Maar om toch een beetje concreet op je vraag in te gaan: ik zoek iemand met wie ik in vrijheid kan leven. Iemand die snapt dat ik mijn eigen leven heb opgebouwd en dat ik hier ook de ruimte voor nodig heb. Ik zoek niet iemand die dag en nacht bij mij wil zijn. Dat gaat mij al snel benauwen. Ik heb er jaren over gedaan om te komen waar ik nu ben, zelfs op deze jonge leeftijd. Jarenlang heb ik als een soort vogeltje in een kooi geleefd. Ik verloor mijn veren en kon niet meer vrij rondfladderen. Ik werd diep ongelukkig omdat ik vooral bezig was de verwachtingen van anderen te vervullen. Ik kon het immers niet maken om te zeggen dat ik gewoon een week even niemand wilde zien, want diegene wilde zo graag bij mij zijn, dus zou dat nogal gevoelloos zijn, dacht ik.

Maar waar was ik in dit plaatje? Nergens, ik vergat mezelf, ik vergat wat ik van mezelf verwachtte. Wat ik dus eigenlijk zoek in een relatie is iemand die er voor me is, die me liefheeft, maar dan zoals ik ben. Niet iemand die mij een leuk koppie vindt hebben en daar een bepaalde verwachting aan verbindt. Dat heb ik te vaak meegemaakt. Laat mij vooral vrij zijn, lekker mijn ding doen en dan ben ik er met liefde voor de ander. Leef je eigen leven en als we dan samenkomen, dan kunnen we praten, discussiëren of gewoonweg mijmeren over de dingen die we hebben meegemaakt. Of dat nu vijf keer in de week is of één keer in de twee weken. Dan kunnen we elkaar onze mening geven over bepaalde situaties en zo de ander weer leren inzien dat er ook een andere kant is. Maar vooral met respect voor elkaar, en in liefde voor elkaar. Of gewoon in alle rust samenzijn en genieten van elkaar. Samen lachen, want humor vind ik ook belangrijk, en vooral relativeren.

Ik zoek iemand die zich, net als ik, niet door een huwelijk wil laten binden. Sterker nog, ik weet niet eens of ik ooit nog wel zo'n verbintenis aan wil gaan, tenzij het écht is. Bijvoorbeeld door samen een soort ceremonie uit te voeren in liefde en vooral in vrijheid. Ik ben een einzelgänger en ben op mijn best als ik iemand tref die net als ik gaat voor passie, samenzijn in verbondenheid, maar bovenal in het elkaar loslaten en de ander zien voor wie hij/zij is.'

'Lieve Eva,

Dat is nu precies het antwoord dat ik zocht. Nu ik verlost ben van vrouwen die mijn leven regelden en mijn agenda vol pletten, zou ik niets liever willen dan een relatie op afstand. Met steeds een gepassioneerd weerzien. Geen vrije relatie in seksuele zin, want daar geloof ik niet in, dan haak ik af. Ik ben eens bedrogen en dat heeft een diepe wond in mijn ziel opgeleverd.

Bij ons werkte een vriend als acquisiteur voor GolfOnTour. Voor hem was het een functie *between jobs* en toen hij een baan kreeg aangeboden bij het ANP, en daar volledig in dienst ging, werden zijn binnenkomende e-mails naar mijn computer omgeleid. Mijn vrouw was daarvan niet op de hoogte. Ik zat in de directiekamer tegenover haar, we hadden een groot bureau met werkplekken aan weerskanten. Ze zond hem een amoureuze e-mail, die ik opende. Ze bleek al maanden een seksuele relatie met hem te hebben.

Liefs, Han XXXXX

P.S. Ik voel dat wij de juiste klik hebben.

♀ Je zal er maar op die manier achter komen dat je liefde je
bedriegt. Vreselijk! En Han geeft precies het goede antwoord. De
bivakmuts ligt klaar op tafel, vanavond is het moment. Gall & Gall,
here I come!

'Lieve Han,

Een open relatie, daar ben ik ook absoluut geen voorstander van.
Met alle respect voor de mensen die het hebben: ik zou het nooit
kunnen en willen. Liefde is voor mij toch wel belangrijk in die zin dat
ik er niet mee zou kunnen leven als mijn minnaar ook seks heeft met
een andere vrouw. Voor mij is dat ondenkbaar.

En wat vreselijk pijnlijk om er zo achter te komen dat je vrouw je
bedroog! Niet dat ik nou heilig ben, maar ik ben een keer tijdens
mijn relatie verliefd geworden op een ander. Het eerste dat ik deed,
was dat vertellen aan mijn man.
      Zelf ben ik ook een keer bedrogen. Ik was tot over mijn oren
verliefd op mijn vriend en mijn vader had me al meerdere malen
voor hem gewaarschuwd. Maar je weet hoe dat gaat: hoe harder je
vader het afkeurt, hoe harder je naar de man in kwestie rent.

Op een avond was ik uit met hem, zijn vriend en twee vriendinnen
van mij. Zijn vriend en mijn vriendin waren ook een stelletje, de
andere vriendin was vrijgezel. Omdat de twee meisjes niet in de
buurt woonden, zouden ze allemaal bij haar vriend gaan slapen en ik
gewoon thuis. Ik vertrouwde ze immers volkomen, je verwacht niet
dat je vriend en je beste vriendin je bedriegen. Maar jawel hoor...
De volgende dag voelde ik meteen al aan dat iedereen iets verzweeg
en ineens gooiden ze het hoge woord eruit: ze hadden seks gehad,
maar ik moest me er vooral niet druk om maken, want het stelde
niets voor.

Als wraak heb ik de volgende dag gezoend met zijn beste vriend, maar dat voelde niet goed. Ik ben niet gemaakt om wraak te nemen, want ik kreeg er absoluut geen beter gevoel van.

De relatie was overigens meteen over en mijn beste vriendin heb ik nooit meer gezien.

Liefs, Eva'

♂ Ze is een vrouw in mijn hart en ook naar mijn hart. Dat ze haar eigen man vertelde dat ze verliefd was! Tjonge, daar moet je maar tegen kunnen. Wat een eerlijkheid en zo zit ik ook in elkaar. Ik besef dat het beeld dat Eva van me heeft enigszins is bezoedeld door dat triootje. Voordat zo'n beeld zonder mijn toelichting aan de wandel gaat, zal ik het haar uitleggen.

'Lieve Eva,

Dat je dat aan je man vertelde, van jouw verliefdheid! Phoe, daar is moed voor nodig. Dat moet een ongemakkelijk gesprek zijn geweest. Verliefdheid valt zomaar niet weg te poetsen, en liefdesverdriet al helemaal niet. Toen het mij beide achtereenvolgens overkwam met dezelfde vrouw, was er geen houden meer aan. Ik liet alles - wel met pijn in mijn hart en groot schuldgevoel - vallen. Als je in een relatie zit en je wordt verliefd op een ander, dan klopt er iets niet, want daar is dan absoluut geen ruimte voor. Verliefdheid is een oerdrang, er is niets tegen te beginnen. Enfin, daar heb ik je al een verhaal over gestuurd, van veertien jaar geleden, met grote gevolgen. Overspel zonder verliefdheid is een oerdrift, daar is wel wat tegen te doen. Gewoon laten dus. Er komt alleen maar ellende van, zoals uit jouw verhaal ook wel blijkt.

Het triootje dat ik je beschreef had overigens met geen enkel oergevoel van doen. We wilden het beiden, als de beleving van een fantasie, en onze relatie werd er alleen maar sterker door. We gingen niet apart en verbleven in dezelfde ruimte. Het bleek overigens voor mij een zwaar overschatte sessie te zijn. Met twee vrouwen in bed was toch iets te druk voor mij. De seks voor- en achteraf met mijn vrouw was geweldig en of we nu met drie personen tennisten, pokerden of seks hadden? We vonden dat daar geen verschil tussen zat, al is tennissen met z'n drieën best lastig. Trio's worden wel een probleem als een van de drie het eigenlijk totaal niet ziet zitten, maar louter de ander een plezier wil doen, voor de goede vrede. Liefs, Han XXXX'.

♀ Het triootje is hem bij deze vergeven. Ik ben het helemaal met zijn visie op vreemdgaan en verliefd worden eens. Als je verliefd wordt op een ander kun je twee dingen doen:
- er zonder nadenken aan toegeven;
- nadenken waarom je verliefd bent geworden op een ander.
Daar is altijd een aanleiding toe. Als je de oorzaak eenmaal weet, kun je beslissen of je ervoor gaat, je huidige relatie verbreekt of vecht voor je relatie en werkt aan de oorzaak.

♂ Zakelijk gaat er wel eens iets mis. Nu is er een proefboek van een van haar komende grote introducties spoorloos. Het Centraal Boekhuis heeft het boek verstuurd, maar Eva heeft het na 1 week nog steeds niet ontvangen. Ze schrijft me er een verhaal over.

'Grrrr, PostNL ook...

PostNL heeft een pakkende reclamekreet voor zichzelf bedacht, namelijk 'Sure we can!'. Toch ben ik ernstig gaan twijfelen aan hun capaciteiten. Zo komen mijn pakketjes in het buitenland niet altijd aan. Oké, dit kun je niet alleen hen aanrekenen. Zodra het pakketje de Nederlandse grens bereikt, neemt een ander bedrijf het over. Toch zal ik iemand als zondebok aan moeten wijzen, dus geef ik graag de schuld aan het enige wat me bekend is.

Maar dan de post in Nederland. Ik wil niet weten hoeveel brieven er nog ergens op mij liggen te wachten. Dit is niet alleen omdat ik zo nieuwsgierig ben wat de inhoud van de enveloppen is, want ik verdenk sommige mensen er ook van het beloofde goedje nooit verstuurd te hebben. Zo zouden er uitnodigingen voor feesten, bruiloften, begrafenissen, geboortekaartjes en meer van zulks 'kwijt' zijn geraakt. Hoeveel gezelligheid heb ik de afgelopen jaren gemist (begrafenissen niet als gezelligheid meegerekend)? Aan de verwijtende blikken die ik te zien krijg als ik buiten loop: erg veel (mocht u tot deze mensen behoren, trek dan een nummertje en sluit achterin de rij aan om mij te voorzien van uw mijn-blik-kan-doden blik).

Maar dit geldt uiteraard ook andersom. Is eigenlijk PostNL de grote schuldige aan het gebrek aan mensen op mijn verjaardagen en feesten? Ik begin te vermoeden van wel. Vele uitnodigingen gaan de deur uit en ik zie er geen mens voor terug. Behalve dan de mensen die medelijden krijgen als ze horen dat er niemand komt. Dan zijn ze er zelfs als de kippen bij. Een jarige zien huilen is natuurlijk een groots vermaak. Maak je zich geen zorgen: inmiddels is de schade goed ingehaald. Sinds de komst van internet kan niemand meer met het excuus komen dat de uitnodiging zoek is geraakt in de post. Lang leve het digitale verkeer!

Toch kon ik me verder nooit zo druk maken om hun 'Sure we can!' slogan. Tot deze week. Door al dit gedoe in het verleden ben ik toch wat huiverig als ik dingen op de post moet doen die daadwerkelijk belangrijk zijn. Brieven aan de Belastingdienst (voornamelijk bezwaarschriften, want ik probeer toch overal wat uit te slepen in mijn voordeel) worden met zweet tussen de billen gepost. Stel je toch voor dat zo'n brief nooit aankomt? Dan heb je toch een probleem, aangezien de Belastingdienst graag wil dat wij binnen bepaalde termijnen hun bankrekening spekken. Ben je te laat met het indienen van jouw bezwaarschrift dan heb je dikke vette pech en ben je een dreigbrief verder dat je nu toch echt eens moet gaan betalen, anders gaan ze... Ach, je snapt wel wat ik bedoel.

Maar goed, waar was ik? Ah, ik weet het weer: belangrijke post. Deze week stond ik dus weer met het zweet tussen de billen op het postkantoor. Mijn uitgever wil namelijk graag dat ik mijn manuscript en alle bijbehorende afbeeldingen per cd aan ze opstuur. Eén of ander gedoetje met teveel aan KB's als ik het via het digitale verkeer zou doen (volgt u me nog?). Volgens mij zag de baliemedewerkster van het postkantoor mijn paniek, want ze verzekerde mij (met vriendelijke glimlach) dat het niet fout zou gaan. Enigszins opgelucht liet ik het pakket daar achter en vertrok richting huis.

Een dag later zag ik de postbode aan komen lopen. Ik zag ook een pakketje in zijn handen en was meteen zwaar benieuwd. Wie zou mij dat sturen en wat zou erin zitten? Ik begon nog net niet van euforie in mijn handen te klappen. Toen meneer de postbode het pakket door de brievenbus stond te duwen verdween mijn euforie als sneeuw voor de zon. Op de envelop stond mijn eigen handschrift. Vloekend liep ik met het pakket naar de woonkamer. Vooral de baliemedewerkster moest het ontgelden, ook al kon ze me niet horen. Wat me nog het meest frustreerde was dat er in koeienletters boven mijn adres afzender stond. Zoiets is toch niet te missen? Het pakket moet door meerdere handen zijn gegaan. Heeft nou werkelijk niemand bedacht dat een afzender toch echt degene is die het pakket verstuurt? Dat diegene zijn pakket niet terug wenst te ontvangen? Het spijt me zeer TNT, maar u heeft me diep teleurgesteld. 'Sure we can!' kunt u beter veranderen in 'Sure we can't!'.'

'Lieve Eva,

De ellende met PostNL is begonnen toen mijn ex daar een paar jaar geleden ging werken. Ik wist dat ze een bestand met hooguit 2 data al door elkaar wist te rommelen, dus fronste ik ernstig mijn wenkbrauwen toen ze trots meldde dat ze was aangenomen. Hoe ze het voor elkaar heeft gekregen, geen idee, maar nu zit ze hogerop in dat bedrijf. Gelukkig valt nu de maandagbezorging af, waardoor het iets overzichtelijker voor haar wordt, maar ik weet dat het nooit meer goed komt met de postbestelling in dit land.

Liefs, Han XXXX'

♀ Hilarisch! Deze verklaring voor de fouten van PostNL kende ik nog niet en ik stuur Han een korte reactie: 'Vandaar, dit verklaart alles'.

'Wat vreselijk trouwens als mensen door een ongeluk uit het leven worden gerukt. Ik krijg de kriebels van jouw verhaal over dat vriendinnetje. Dit klinkt als een tragisch liefdesverhaal. Wat zal het onwerkelijk voelen als iemand er ineens niet meer is. Je wordt dan al vroeg geconfronteerd met het feit dat het leven eindig is.'

♂ Vandaag heb ik weer veel behoefte om te schrijven en wacht niet op een nieuw verhaal van Eva, dus stuur ik haar maar weer een verhaal.

'Lieve Eva,

Even zomaar een verhaal tussendoor, wanneer ontmoeten we elkaar overigens *by the way at the beach*?'

160

Gisteravond was ik uitgenodigd voor een etentje in de stad door mijn zoon Sjors en zijn vriendin die ik nog niet eerder had ontmoet. Wat een leuk stel! Dat mijn zoon fantastisch is, evenals al mijn kinderen, is zonneklaar, maar nu krijg ik er wellicht een dochter bij die mooi in het rijtje past. Een leuke, slimme meid. Ze studeert aan de universiteit van Amsterdam, net als Sjors. Zij Italiaans, hij rechten. Misschien heeft Berlusconi er nog wat aan.

Na hun VWO hebben ze onafhankelijk van elkaar een sabbatical genomen. Zij in Italië waar ze een levenslange fascinatie voor het land en de taal heeft opgelopen en Sjors in Oostenrijk als kelner bij een vijfsterrenhotel. Zo ver mij bekend heeft hij daar niets opgelopen. Wel als altijd veel vriendinnen. Deze nieuwe vlam is een blijvertje, hoop ik.

Ik weet nog goed dat hij afscheid kwam nemen net voordat hij naar Oostenrijk vertrok, nu bijna drie jaar geleden. Ik logeerde in die tijd bij mijn moeder en ik had geen zelfstandig adres. Ook geen inkomen.

Ik vroeg hem of hij wilde onderzoeken of er ter plekke mogelijkheden waren om een edelweissplantage te starten. Sjors had 600 euro op zak. Waar hij zou gaan werken? Hij had geen idee. Mooi hè.

Liefs, Han XXXX'

♀ Ik denk daar soms weleens over na. Gewoon de boel de boel laten en ergens in een ander land een wijnboerderij beginnen met natuurlijk een boel dieren op het land. Geen stress, gewoon lekker genieten van het goede leven. Maar dan vraag ik me af of ik mijn werk wel kan missen. Ik denk het niet, ik vind het veel te leuk om met boeken te werken.

♂ Mij bekruipt het gevoel dat het niets wordt tussen Eva en mij. Oké, ze is geïnteresseerd, maar ik bespeur niets van enige romantische voorstelling. Ze is een krachtige jonge vrouw die volgens mij helemaal niet op een vriendje zit te wachten, zo lijkt het. Ze heeft niemand nodig, dus waarom zou ik dan een juiste kandidaat voor haar zijn. Ik moet het niet hebben van mijn looks, al is daar volgens mij niets verkeerds aan, maar ik word onzeker. 'Wat moet zo'n oude bok met zo'n jong hertje,' hoor ik Patricia Paay net in een commercial als toegift zeggen, en hoe waar is dat? Zal ik Eva aangeven bij het meldpunt leeftijdsdiscriminatie. Nee, natuurlijk niet, maar eigenlijk verwacht ik dat ze met haar moeder aan komt zetten daar in Zandvoort. Even een verhaaltje maar weer.

'Lieve Eva,

Ik las het stuk terug van jouw post-ellende en er schoot me nog een verhaal te binnen:

De voorloper van *Occupy De Nieuwe Wereldorde* was *Apollyon de Antichrist*. Ik was over die eerste uitgave niet tevreden. Ten eerste was de tekst te blokkerig. Met een wat speelsere lay-out was het boek veel prettiger leesbaar. Later heb ik dat opgelost door de dialogen steeds op een nieuwe regel te beginnen. Dan zag het er al een stuk beter uit. Als regelafstand had ik regelafstand 1,5 gebruikt, maar dat gaf een te grote afstand tussen de zinnen met het lettertype Times New Roman 12. Daarmee kwam het boek op 384 pagina's, inclusief illustraties. Met een ruime opdikking van het papier was het een echte pil en dat vond ik goed bij het boek passen. Het was immers een epos van formaat. Rugdikte 3 centimeter.

Met een grote tas vol boeken voor klanten die het bij voorintekening hadden besteld, werd ik bij het postkantoor voor mijn grootheidswaanzin gestraft. Het boek was te dik om door de brievenbus te kunnen (!) want met de verpakking overschreed het de brievenbusafmeting van maximaal 32 millimeter. Het werd dus een belstuk en diende met pakketpost te worden verzonden. Verzendkosten € 6,75 per boek! Gelukkig had ik in dezelfde pedante flow de verkoopprijs op € 23,85 gezet, dus leed ik geen verlies, maar het was wel een misrekening van formaat.

Liefs, Han.

NB: Je komt met je moeder aanzetten hè, daar in Zandvoort.'

'Het eerste wat ik doe als ik wakker word is mijn astmamedicijn nemen en tegelijkertijd mails lezen op mijn telefoon. Vanochtend deed ik dat dus ook...

Ik was net lekker aan het inhaleren vanuit een airochamber toen ik je verhaal las. Bij de laatste regel vloog het gevaarte door de slaapkamer omdat ik zo hard moest lachen dat het uit mijn mond spoot.

Voortaan bewaar ik het openen van jouw mails tot ik het medicijn volledig geïnhaleerd heb ☺'

♂ Pff, dat gevaar is dus uitgesloten. Ik kan haar dus 's morgens maar beter niet aan het lachen maken als ze iets in haar mond heeft.

'Lieve Han,

Ik hoop ook voor je dat die vriendin van je zoon een blijvertje is. Erg mooi verhaal.

Ik neem aan dat jij, net als ik, geen kinderen meer wilt? Al vanaf mijn prille jeugd riep ik dat ik voor mijn vijfentwintigste moeder wilde worden en maar één kindje wilde. Ik sta daar nog steeds achter, vooral na mijn horrorbevalling.

Het is vier uur 's nachts als ik wakker schiet. Was dat een kramp? Ik blijf liggen tot ik het weer voel: een samentrekking in mijn buik die licht begint, steeds heftiger wordt en dan afzakt. Ik durf er nog niet op te hopen dat het nu echt begonnen is. Vijf minuten later volgt er weer eentje. Zo snel al? In het begin hoort er toch veel meer tijd tussen te zitten? Zo lig ik een tijd te puffen als ik besluit Robert te bellen waar hij blijft.

'Ik zit nog even een biertje na te drinken,' is zijn antwoord. Ik vertel hem nog niet meteen wat er aan de hand is, wie weet is het wel vals alarm.

'Wil je het niet te laat maken?' vraag ik dan maar.

'Is goed, zal ik niet doen.'

Naarmate ik meer samentrekkingen in mijn buik voel, weet ik dat het toch echt begonnen is. Dit zijn geen voorweeën meer.

Een half uur nadat ik Robert gebeld heb komt hij thuis. Aangeschoten welteverstaan. Al weken komt hij nuchter thuis en uitgerekend nu niet. Dit kan nog leuk worden.

'Je hebt gedronken.'

'Ik dacht dat het vannacht toch niet zou gaan gebeuren... Nee toch? Is het begonnen?' vraagt hij met lichte paniek in zijn ogen. Ik knik terwijl er weer een wee komt.

We besluiten nog even een potje yahtzee te spelen nu het nog kan. Als we een uurtje bezig zijn houd ik het niet meer.

We lopen de trap af naar mijn moeders kamer, want in die tijd woonden we door omstandigheden bij haar in.

Als ik binnenkom wordt ze wakker en weet ze meteen hoe laat het is. Mijn moeder springt uit bed en terwijl we in de badkamer even aan het praten zijn over hoe het voelt, komt Robert met een fototoestel aangerend. Voor ik kan protesteren voel ik weer een wee. Ik grijp me vast aan de deurpost en zie ineens een flitslicht in mijn gezicht.

Het is dat ik even bezig ben, anders had ik nu dat fototoestel uit zijn handen gerukt en hem er een flinke mep mee verkocht. Dit is niet het moment om gezellige familiemomentjes vast te leggen. De anderen eten even later beneden een broodje en ik kruip zowat tegen de muren op als er weer een wee te voelen is.

De verloskundige wordt gebeld en om acht uur 's ochtends komt hij langs.

Het is de bedoeling dat ik thuis beval, daarom lopen we naar de zolder waar ons bed al een tijdje op klossen staat.

Ik ga liggen en hij kijkt hoever ik al ben. Ik vind al dat gedoe maar niets. Blijf gewoon lekker met je poten van me af en laat me met rust. Maar het hoort er nu eenmaal bij.

Ik heb nog geen centimeter ontsluiting, wordt er geconstateerd. Wel is te voelen dat het inderdaad begonnen is.

Nog geen eens een centimeter? Hij maakt zeker een grapje? Helaas, hij is bloedserieus en belooft na het avondeten nog even te komen kijken of er dan al vaart achter zit. Avondeten? Dit is net een hel!

Ik probeer nog even wat te slapen. Het lukt niet, want bij elke wee schiet ik weer wakker. Zo blijf ik een tijdje liggen en uiteindelijk lijkt geen enkele houding te werken.

De rest van de middag brengen we door met yahtzee en tussendoor steeds mijn rug masseren voor tegendruk.

Ik voel me totaal uitgeput als om zeven uur 's avonds de verloskundige weer binnenkomt.

'Hoe is het hier?' vraagt hij opgewekt. Alsof het leuk is om dit te oen. Ik barst in huilen uit.

'Ik kan niet meer! Ik ben zo moe en de weeën blijven om de vijf minuten komen zonder tussenstop.'

Samen gaan we naar boven om te kijken hoe het ervoor staat.

'Al bijna een centimeter,' zegt hij. Dit kan toch niet waar zijn? Ben ik al die uren bezig geweest voor een klein rottig centimetertje?! 'Ik stel voor dat je naar het ziekenhuis gaat en een pijnstiller krijgt. Je moet echt wat slapen en zo gaat dat niet lukken,' zegt hij.

Ik wil helemaal niet naar het ziekenhuis, ik wil hier bevallen. Mijn moeder en Robert stellen voor dat ik toch ga. Ik leg voor dat we gewoon een paar uurtjes wachten met deze bevalling en dan weer verdergaan. Uiteindelijk stem ik dan toch toe.

De rit naar het ziekenhuis is geen pretje. Elke hobbel en bobbel in de weg is te voelen en de houding die ik op de passagiersstoel aan moet nemen is onmenselijk.

Na een lange rit komen we aan bij het ziekenhuis.

Honderden, zo niet duizenden vrouwen zijn je voorgegaan, houd ik mezelf voor.

Robert komt aangelopen met een rolstoel van het ziekenhuis. Ik heb nooit gesnapt dat ze zulke oncomfortabele dingen hiervoor gebruiken. Ze zijn keihard. Toch ga ik meteen zitten en tussen het wegpuffen van de weeën door vertel ik de man achter de balie wat ik kom doen. Alsof dat niet te zien is.

De man vertelt ons waar we moeten zijn en op weg ernaartoe zie ik iedereen naar me kijken. 'Wil je ruilen of wat,' wil ik het liefst roepen naar iedereen, maar ik houd me in.

Als we op de afdeling aankomen word ik naar mijn kamer begeleid. Mijn moeder besluit naar huis te gaan. Ze zou eigenlijk bij de bevalling zijn, maar straks hebben we alle drie een slaapgebrek als de baby komt. We spreken af dat ze ons morgenochtend komt bezoeken en hopelijk mee naar huis neemt.

De verpleegster legt ondertussen een ctg-apparaat aan dat de weeënactiviteit en de hartslag van de baby meet.

Ik besluit mijn tijd goed te gebruiken en zet *Goede tijden slechte tijden* aan op tv. Normaal kijk ik het omdat hun leed altijd groter lijkt dan dat van jou, maar vandaag helpt het me geen zier. De probleempjes in deze soap zijn een eitje vergeleken met bevallen.

Eindelijk is de tijd daar, ik mag een pijnstiller. Er komt een immense spuit aan, met een verpleegster erachter. Het is morfine met een slaapmiddel wordt me verteld. O mooi, én geen pijn én slapen. Dat lijkt me wel wat en ik neem de spuit die in mijn been verdwijnt op de koop toe. Ik probeer nog te praten, maar voel hoe ik langzaam wegzak. Eindelijk rust.

Een uur later ben ik alweer wakker en spuug voor de gezelligheid de hele kamer onder. Ik vind de kleuren altijd al zo kil in het ziekenhuis. Dit fleurt de boel tenminste een beetje op.

De nachtzuster begint meteen met schoonmaken. Ondertussen hoop ik dat de pijn wat minder geworden is, maar het tegendeel is waar. Ik weet niet waar ik het zoeken moet. Bij elke wee staat Robert in mijn rug te duwen en knijp ik de hand van de nachtzuster tot moes.

Ze stelt voor dat ik even onder de douche ga staan. Ik doe het, want ze moet haar hand nog langer dan vandaag gebruiken.

Nog half slaapdronken ga ik onder de douche staan. Het lijkt even te helpen totdat ik bijna niet meer op mijn benen kan staan.

Na het afdrogen wankel ik terug naar het bed, waar de nachtzuster op me zit te wachten.

De rest van de nacht bestaat uit masseren en handen knijpen.

Om vijf uur is ze het zat en belt mijn verloskundige uit bed met de mededeling dat ik het niet meer aankan. Of dat ze het zelf niet meer aankan, ik weet het niet.

Een uur later komt hij aan en kijkt hoever ik ben.

'Je zit op anderhalve centimeter,' zegt hij. Dit doet de deur dicht! Ik stop ermee! Ik ben al dertien uur bezig en er past nog geen eens een hand van mijn kind door. Bevallen hoort een wonder te zijn, maar ik vind het inmiddels alles behalve een prachtige ervaring.

Er is ondertussen ook wisseling van de wacht en er komt een gynaecoloog mijn kamer in met drie schichtig kijkende jonge mensen achter haar. O gezellig, gaan we met z'n allen kijken hoe ik hier lig te creperen? Pak er meteen een bakje koffie bij, dan zal ik eens uitleggen hoe het voelt als je baarmoeder zowat uit elkaar gereten wordt.

'Ik wil dat u uw patiënt onmiddellijk aan me overdraagt,' hoor ik haar tegen mijn verloskundige zeggen. Dit wordt nog interessant. Ook al gaat het moeizaam, ik ga er eens goed voor zitten. Mijn verloskundige wil net tegen gaan stribbelen als ze al meteen met haar weerwoord komt.

'Ze mag wat mij betreft onmiddellijk een ruggenprik. Ze slaapt al twee nachten niet en is te uitgeput om straks nog te persen,' zegt ze met een strenge blik.

Klopt, ik kan me niet voorstellen dat ik nu ook nog moet persen. Ik wil gewoon slapen en rust. Hij stemt gelukkig toe, maar dan slaat bij mij de twijfel toe. Is een ruggenprik niet ontzettend pijnlijk?

Ik bedenk voor het gemak even niet dat een ruggenprik vergeleken met weeën waarschijnlijk voelt als een speldenprikje. Toch zie ik er ontzettend tegenop, ook al wil ik van de pijn af. Ik zie de drie schichtige kraaien zowat een vreugdedansje maken.

Duidelijk leerlingen en ik ben het geval waar ze veel van kunnen leren. Kan er ook nog wel bij.

Ik word ineens door alle gezichten in de kamer aangekeken.

'Stemt u daarin toe?' wordt mij gevraagd door de gynaecoloog. Zelfs als je nu voorstelt me knockout te slaan stem ik toe. Ik maak daarom een beweging met mijn hoofd die op een knik moet lijken. Iedereen verlaat de kamer.

'Krijg ik nou een ruggenprik of hoe zit het?' vraag ik aan Robert.

Ook hij weet het niet.

Terwijl we nog om ons heen kijken alsof we niet beseffen wat er net is gebeurd, komt mijn nieuwe slachtoffer binnen: de verpleegster die mijn nachtelijke stressbals dienst overneemt.

Op hetzelfde moment steekt de nachtzuster haar hoofd om de hoek.

'Straks heb je een prachtig kindje in je armen en ben je dit alles vergeten. Ik zal aan je denken vandaag,' zegt ze. Ik wil wel ontroerd zijn, maar zij heeft makkelijk praten. Zij hoeft er geen kind uit te persen.

'Ze zijn nu al het papierwerk in orde aan het maken en dan krijg je een ruggenprik,' zegt de nieuwe verpleegster.

Al vreten ze dat papier op en maken er een leuk onderonsje van als collega's onder elkaar, ik wil die prik nu hoe erg ik er ook tegenop zie. Uiteindelijk is de toestemming daar. Ik word met bed en al erheen gereden door twee vrijwilligers en mijn nieuwe slachtoffer.

We rijden nog maar net de kamer uit als iemand bemerkt wat ik niet kon zeggen omdat ik even bezig ben om een wee weg te puffen.

'Wacht even, de deken ligt niet goed en anders ziet het hele ziekenhuis haar billen,' zegt de opmerkzame man met een knipoog.

Knipoog maar lekker eikel. Ik heb inderdaad behoorlijk lekkere billen.

We rijden door de gangen en wederom zie ik iedereen kijken. Ik dacht dat gisteren in die rolstoel al erg was, maar ik zie de mensen nu kijken alsof ik een wetenschappelijk wonder ben dat eens nader bestudeerd moet worden.

Het kan me allemaal niet meer schelen. Wat me wel dwarszit is dat Robert met geen mogelijkheid mijn rug kan masseren en ik de pijn helemaal alleen opvang, terwijl het ziekenhuispersoneel het te hard doorlopen nog steeds niet heeft afgeleerd.

Voor deze ene keer kan ik ze dat vergeven.

We komen aan bij de anesthesist en zijn assistent. Ze zijn net aangekomen en zijn nog bezig met alles klaarzetten. En met klaarzetten bedoel ik hun koffiekopje.

'Wil je op de rand van het bed gaan zitten en dan met je hoofd op je knieën gaan liggen?' vraagt de goede man me.

Wil jij dat als je aan het bevallen bent? Lijkt me niet. Die houding is onmogelijk. Toch doe ik wat hij me vraagt, althans met hulp van Robert.

Ik buig zover ik kan voorover, wat niet makkelijk is met die immense buik.

'Goed, ontspan je, het kan even duren,' hoor ik achter me. Ontspannen? Zo lekker zit ik anders niet. Ik voel een wee aankomen terwijl ik zo zit. Dit kun je niet menen! Ik probeer te puffen al heb ik geen idee waar ik mee bezig ben. Ik heb geen enkele cursus gedaan, omdat ik het niet zag zitten om met een stel andere vrouwen te gaan zuchten en puffen. Volgens mijn verloskundige deden vrouwen die geen cursus hadden gedaan het ook beter tijdens de bevalling. Nu twijfel ik daar toch echt aan.

De goede man probeert de ruggenprik aan te brengen. Het doet geen pijn al is het wel een raar gevoel en steeds als hij de naald dieper in mijn rug duwt trilt mijn been. Ik vind het wel een grappig verschijnsel. Na een paar minuten is het eindelijk klaar en mag ik weer gewoon gaan liggen.

'Voel je nog wat?' vraagt hij. Op dat moment komt er een wee en ben ik uit alle macht aan het kreunen en hijgen.

'Ja, ik voel het nog steeds,' weet ik uiteindelijk uit te brengen. Dat is je verbeelding,' zegt de man die van goed naar klootzak is gepromoveerd met deze opmerking.

Verbeelding? Lig jij op een bed te creperen dan? Als ik hem ooit tegenkom met een gebroken been zal ik ook eens zeggen dat hij zich verbeeldt dat het pijnlijk is.

Compleet uitgeput blijf ik liggen. Het wonderbaarlijke gebeurt. De volgende wee voel ik niet. Wat heerlijk! Ik kan het dan ook bijna niet geloven. Ik word weer naar mijn kamer gereden in de hoop dat ik dan nu eindelijk kan slapen. Verkeerd gedacht...

De gynaecoloog staat op me te wachten met de drie schichtige kijkers. Ik voel hoe mijn ogen langzaam steeds dichtvallen.

'Mogen we allemaal even voelen hoever je bent?' hoor ik iemand op de achtergrond vragen. Ik ben te moe om te beseffen wat deze vraag werkelijk betekent en knik ja.

Al snel ben ik meteen weer klaarwakker. Twee paar schichtige ogen kijken me aan, terwijl ze ondertussen hardhandig met haar vingers in me zit te roeren. Bij de anderen was het ook geen prettig gevoel, maar ik heb het gevoel dat de leerlinge me uit elkaar scheurt. Hoeft de baby dat straks in ieder geval niet meer te doen.

Nummer twee en drie volgen haar. Kan iedereen ophouden met vingers in me te stoppen? Blijkbaar niet. Protesteren lukt me ook niet.

'Hoever denken jullie dat ze is?' vraagt de gynaecoloog. Ze zijn het erover eens dat het acht centimeter is. Inwendig vier ik feest, althans in mijn hoofd dan. De gynaecoloog voelt nu zelf ook.

'Het is drie centimeter,' zegt ze als ze klaar is. Drie nog maar? Ach, ik voel niets meer dus wie weet kan ik dan nu eindelijk even slapen. Weer mis!

'We gaan je vliezen doorbreken,' hoor ik haar zeggen, 'en daarna zetten we een elektrode op het hoofdje van je baby om hem in de gaten te houden en krijg je weeopwekkers.'

Joepie, dat kan er ook nog wel bij. De verpleegster komt aangelopen met iets wat lijkt op een veel te grote wattenstaaf en overhandigt hem aan de gynaecoloog die op een krukje plaatsneemt tussen mijn benen. Gezellige pose dit. Ik voel me er gelukkig niet zo ongemakkelijk bij dat iedereen naar mijn kruis loopt te staren.

Ineens wordt de te grote wattenstaaf in me geduwd en voel ik een prik. Daarna lijkt het alsof er een waterval is losgebroken uit mijn kruis. Warm vocht spuit eruit en mijn benen zitten helemaal onder. Mijn god, komt er nooit een eind aan? Als de ergste stroming

171

voorbij is zie ik een raar plaatje verschijnen. Moet dat in me? Past dat wel? Vergeleken met wat eruit moet is het natuurlijk een peulenschil. Ruw wordt de elektrode in me gedaan en alsof het nog niet genoeg is wordt er daarna een kabelnetwerk in mijn kruis aangelegd. Zou je er radio op kunnen ontvangen? De verpleegster legt ondertussen een infuus aan. Ik geef het op. Ik zal nooit meer rust vinden.

Ik lig net een minuut weg te dommelen als mijn moeder binnenkomt. Gelukkig, ze zal er toch bij zijn!

Dankbaar laat ik me terugzakken in de kussens als de gynaecoloog zegt alweer te willen voelen. Stelletje martelaars!

'Ze mag meteen door naar de verloskamer, ze heeft acht centimeter,' schreeuwt ze ineens.

Dit is werkelijk ongelofelijk! Uren gedaan over een paar rottige centimeters en als ik dan eindelijk van de pijn af ben, heb ik in een uur tijd meer dan het dubbele erbij. Ik onderga mijn lot en word naar de verloskamer gereden.

'Ga maar even slapen,' zegt de verpleegster. Ik kan haar wel zoenen!

Op dat moment komt Robert binnengestormd aangezien ook hij gehoord heeft dat ik ineens centimeters heb ontwikkeld alsof ik speed in mijn kont heb. Iedereen begint door elkaar te praten.

Kunnen ze niet even hun kop houden?

Als ik het uiteindelijk zat ben vraag ik ze dan ook om stil te zijn. De stilte die volgt is goddelijk. Ik voel hoe ik wegzak.

In de uren die volgen blijk ik een andere gynaecoloog te hebben gekregen. Een man die de fijne neiging heeft om steeds als ik een wee heb me te toucheren. Ik kan hem wel wurgen.

Als ik op negen centimeter zit, wordt de ruggenprik eraf gehaald. Ik heb er welgeteld anderhalf uur van mogen genieten. Onmiddellijk keren de pijnlijke weeën terug en puft de verpleegster met me mee. Ik mag haar wel. Ze leeft een stuk meer mee dan de anderen.

172

'Ik moet plassen,' zeg ik uiteindelijk, want ik voel al tijden een aandrang. Ze haalt een fles en ik probeer te plassen, maar wat ik ook doe er komt helemaal niets. Mijn blaas is inmiddels erg pijnlijk geworden van de druk.

'Ik ga een katheter halen,' zegt ze. Welnee, dan plas ik toch gewoon niet? Niet nog meer gedoe daar. De boel is steeds gevoeliger geworden en de katheter voelt aan alsof er honderden naalden in me gestoken worden. Langzaam voel ik de druk van mijn blaas afnemen.

Dan stapt er een vrouw binnen die meer op een man lijkt. Achter haar staat een lange dunne jongen met vriendelijke ogen.

'Is er hier iemand klaar om te gaan persen?' vraagt ze me.

'Ja, al tijden, maar ik mocht steeds maar niet,' zeg ik dankbaar. Volgens die vreselijke man zat er nog een randje dat hij af wilde wachten. Deze manvrouw vindt dat onzin. Dat randje pers ik vanzelf wel weg. Deze aanpak spreekt me erg aan, we gaan eindelijk wat doen!

Mijn benen worden in beugels gedaan en de helft van het bed wordt weggereden. Ik heb wel eens beter gezeten in mijn leven. De vrouw legt uit wat ik moet doen als er een wee komt en ik bid alleen maar dat ik niet hoef te poepen.

Bij de eerste perswee pers ik uit alle macht. Ik blijk scheef te zitten. Het zal allemaal wel. Met drie man tillen ze me recht.

Het persen gaat nog even door en ik heb het gevoel dat ik niet meer kan.

'Je moet meer naar onderen persen,' zegt manvrouw. Wat deed ik net dan? Naar boven persen? Daar gaan we weer.

'Duwen, duwen, duwen, duwen, duwen,' hoor ik de slungelige man achter elkaar zeggen. Nog even zo doorgaan en ik duw je uit het raam. Blijkbaar hebben de anderen door dat het erg irritant begint te worden.

'Moet je met de trein?' vraagt manvrouw aan hem. Ik hoor iedereen lachen al zie ik er zelf de lol even niet van in. Na een half uur ben ik het zat.

'Alsjeblieft, ik wil een keizersnee, ik kan niet meer,' zeg ik en kijk ze om de beurt wanhopig aan. Alle vrouwen in de kamer vertellen me dat ik nog even door moet gaan en dat ik het kan. De man is gevoeliger voor mijn hondenogen en vraagt de rest of we dat inderdaad niet beter kunnen doen. De anderen stellen voor dat ik nog even doorga en als het niet meer lukt ze me een knip geven en dan met de vacuümpomp hem eruit halen. Ik wil geen *conehead* dus bij de volgende wee pers ik uit alle macht. Zo gaat het goed. Ik voel twee handen op mijn hoofd en dat geeft me nog meer kracht.

Achteraf hoorde ik dat mijn moeder Robert weg heeft geduwd en zelf achter me is gaan staan. Ze had het gevoel dat me dat meer kracht zou geven. Goed gedacht van haar.

Ik mag even niet verder persen. Als ik dat wel zou doen dan zou mijn kind stikken. Nu word ik echt bang. Stikken? Hij schijnt het moeilijk te hebben met ademen. Hij gaat eruit en wel nu! Als ik weer mag, duw en pers ik alsof ik er een betonblok uit moet krijgen en voel een brandende pijn alsof ik uit elkaar scheur.

'Het hoofdje is te zien, nu doorpersen!' Ik probeer het, maar kan de kracht niet vinden. Tot drie keer toe voel ik het hoofdje terug glippen.

Ik ben al veertig minuten bezig als ik tijdens het persen naar de pomp en schaar kijk. Dat nooit! Ik geef alles en voel mijn kind uit me komen. Het hoofdje en schouders zijn eruit en ik moet wachten anders scheur ik compleet uit. Nieuwsgierig neem ik een kijkje tussen mijn benen. Waar is zijn gezicht nou? Ik kijk naar het hompje vlees tussen mijn benen en kan niets onderscheiden.

In paniek pers ik voor de laatste keer als mijn lieve kind er eindelijk is. Robert knipt de navelstreng door.

De kinderarts staat al klaar en meteen wordt mijn kind meegenomen. Robert loopt mee.

174

'Je bent niet uitgescheurd,' zegt mijn moeder. De gynaecoloog komt erbij en vertelt me dat dat wel degelijk zo is.

Fijn, nu zijn mijn vagina en anus een geheel geworden.

Ik wil net rustig gaan liggen als ik hoor dat de placenta er nog uit moet. Nog meer persen dus. Denk je dat er bent, kan je nog even verder.

Terwijl ik pers drukt de man op mijn buik en dan komt daar eindelijk de placenta.

Samen met mijn moeder wacht ik op mijn kind en het hechten. De slungelige man steekt zijn hoofd om de hoek.

'Het komt allemaal goed met je kindje. Hij had even ademhalingsproblemen, maar ademt nu zelfstandig.'

De opluchting die ik voel is vreselijk groot.

Het hechten gaat beginnen. Ik had overal gelezen dat je er niets van voelt. Bij deze is dat de grootste onzin die ik ooit onder ogen gekregen heb. Het is dan wel verdoofd, maar ik voel nog steeds elke steek van de naald en het draadje voel ik ook duidelijk.

Dit keer is mijn moeder het slachtoffer om nog een paar dagen last te hebben van haar hand.

Als alles achter de rug is kan ik eindelijk rustig liggen en vol spanning wachten op mijn zoon. Ik kan niet wachten om te zien hoe hij eruit ziet en aanvoelt en ruikt. Ik wil alles weten.

Dan eindelijk komt Robert binnen met onze zoon. Het is de mooiste jongen die ik ooit gezien heb. Het valt me op dat hij al veel haar heeft en het net lijkt alsof hij een kuif en matje heeft, helemaal volgens de laatste mode. Voor het eerst houd ik hem vast en kijken we elkaar aan. Langzaam valt hij in een diepe slaap en als we hem allemaal bij ons hebben gehad, wordt hij in een wiegje naast mijn bed gelegd. Iedereen feliciteert ons en er blijkt veel gebeld te zijn door familieleden die wilden weten hoe lang het nog ging duren. Tevreden kijk ik naar mijn kind. Hoe hij heet? Merlijn, naar de tovenaar.

Ze zeggen wel dat je de bevalling meteen vergeten bent, maar dat is ook niet waar. Dit zal ik nooit vergeten. Maar het was het allemaal waard. Ik heb het mooiste cadeau ooit naast me liggen en voel een liefde die ik nog nooit gevoeld heb voor iemand naast mijn moeder, namelijk onvoorwaardelijke liefde.'

'Tjéé schat, wat een verhaal weer. Ik denk dat veel vrouwen die kinderen hebben gebaard elke pijnscheut opnieuw hebben gevoeld. Zoiets zou een man nooit kunnen beschrijven. Ik was wel de buddy bij de vier bevallingen van mijn eigen kinderen. Toen mijn dochter, de oudste, werd geboren huilde ik onbedaarlijk. Wat een prachtig kind, en nog steeds. De oerkrachten die waren losgekomen, maakten diepe indruk op mij.

Ik heb wel een verhaal waarin ik in de beugels lag voor een sterilisatie. Veel minder bijzonder, maar wel heel bizar. Mijn tweede vrouw had me ertoe overgehaald. Zelf zag ik het helemaal niet zitten, want na mijn besnijdenis op mijn 24ste, op medische indicatie, had ik eigenlijk besloten dat er nooit meer scherpe voorwerpen in de buurt van mijn kruis mochten komen. Ik zette me eroverheen en samen gingen we naar de gynaecoloog. Ze liep met mij de behandelkamer binnen en er ontstond meteen een leuk gesprek met de dienstdoende arts. Hij had een schilderij van een fraai schip aan de muur hangen en hij bleek een fervent watersporter. Na een paar minuten gaf mijn vrouw hem een hand en wilde rechtsomkeert maken.

    'U mag er gewoon bij blijven hoor,' zei hij olijk. *Oké*, dacht ik nog. Het gesprek ging voort, terwijl ik me van mijn kleren ontdeed en plaatsnam op de behandeltafel. Mijn benen gingen in de beugels en ik werd bedolven onder groene lakens, met een uitsparing in het midden.

    'Het zaakje is goed geschoren,' zei de arts, terwijl hij het met watten fors in de jodium depte. Twee spuiten kwamen eraan te pas voor de verdoving en ondertussen was het gewoon heel gezellig. We vertelden honderduit. Het was alsof we elkaar al jaren kenden.

'Nu maak ik de incisie.' Ik voelde er vrijwel niets van en met een soort haaknaald lepelde hij even later een tros zaadleiders eruit. Het zag eruit als spaghetti. Met twee klemmen knelde hij de zaadleider af en gaf de schaar aan mijn vrouw!

'Mag ik u verzoeken?' vroeg hij. Mijn vrouw vond het net zo bizar als ik, maar stemde toe. Ik zag haar trillende hand en vreesde dat ze de hele boel aan gort zou knippen, maar gelukkig ging het goed.

Haar woorden bleven nog lang bij mij hangen:

'Jij hebt een kind van mij afgeknipt en ik miljoenen van jou.'

♀ Ik zie hem al helemaal staan, vol enthousiasme om zijn boek de wijde wereld in te sturen. Het zijn van die kleine beginnersfouten waar we allemaal van leren. Stiekem moet ik wel gniffelen om zijn verhaal, vooral omdat ik het zo herken.

En dan het verhaal van de sterilisatie! Ik ben bang dat ik had overgegeven bij het aanzien van de spuiten en leiders. Moedig dat zijn vrouw het wel aandurfde.

Inmiddels vind ik dat we genoeg over koetjes en kalfjes hebben gepraat en om de hete brij hebben heen gedraaid. Het wordt tijd voor de date. Ik ben ontzettend benieuwd hoe het zal verlopen...

'Lieve Han,

Ai, ik zie je al helemaal staan in dat postkantoor! Gelukkig leren we van dit soort aangelegenheden.

Ik weet niet hoe jij erover denkt, maar ik vind het tijd worden voor onze date. Vandaag regent en onweert het hier al de hele dag (heerlijk!), maar dit weekend wordt het prachtig mooi weer.

177

Wat zeg je ervan; zaterdag jouw date en zondag de mijne? Wat ik gepland heb kan namelijk alleen op een zondag.

Liefs Eva'

♂ Huhh, wat heb ik nu weer aan mijn fiets hangen! En ik informeer wat ze bedoelt. 'Ja, jij zou toch een date voor mij regelen en ik een voor jou? Voor jou is dat zaterdag en op zondag die voor mij,' schrijft ze.

Jezus, hoe fout kan het lopen. Nu weet ik het zeker, vrouwen komen van een andere planeet. Hoe kunnen mijn avances anders worden uitgelegd? En hoe kan ze daaruit in godsnaam hebben begrepen dat we voor elkaar een ideaal persoon regelen voor een date!

'Ik was in de veronderstelling dat het om onze date ging,' meld ik haar nog, want nu weet ik het ook niet meer.
   'Ik had je toch voorgesteld om een date voor elkaar te regelen, zie mijn e-mail waarin ik voor mezelf alles op een rijtje zette. Het is mijn eerste aanhef; Lieve Han.'
   Koortsachtig zoek ik haar bericht op. Shit! Hoe is het mogelijk dat ik daar overheen heb gelezen. Het is een complete ramp.
   'Ja oké, maar ik heb dat stom genoeg over het hoofd gezien, maar je kreeg toch ook geen antwoord van mij op je voorstel?'

Als versteend zit ik voor me uit te staren. Onbegrijpelijk. De laatste keer was dat toen die vliegtuigen de Twin Towers invlogen. Ik voel dat ze mijn grote liefde is, maar nu schiet het als los zand door mijn vingers. Kan ik dit nog repareren, zonder volledig voor idioot te worden versleten? Als zij denkt dat ik een date voor haar regel, dan moet dat maar. Ik heb al een iemand in gedachte. Mezelf! Ik verschiet mijn laatste pijl.

'Geen probleem Eva, want ik heb de ideale persoon als date voor je. Aanstaande zaterdag dus. Hoe laat bij Zout?'

♂ Ik heb een dag voorsprong. Dan moet ik haar zien in te palmen zodat ze mijn date afbelt. Tering Jantje, een klucht is er niets bij! Zouden Adam en Eva, als de eerste man en vrouw, elkaar ook zo slecht hebben begrepen? Dan geef ik hen maar de schuld, want toen moet de miscommunicatie zijn begonnen. *Frank en Eva* van Pim de la Parra, was ook al zo'n gedoe en nu dus Han en Eva. Ik slaap er slecht van. Als ik in de vroege ochtend weer achter mijn pc zit en haar e-mail lees, slaak ik een zucht van verlichting.

'Ik lig nu pas echt dubbel, Han. Je hebt me verkeerd begrepen... Mijn voorstel is om voor elkaar de ideale date te regelen. Niet in de vorm van een andere persoon, maar in de vorm van een date samen. Wat is jouw ideale eerste afspraak? Waar neem je MIJ mee naartoe? Dat ga je dus met mij doen.

Een date is een date en mijn voorstel betekent: wat zou jij graag op je eerste afspraak met een vrouw willen doen? Doe dat met mij. Laat me zien wie je bent, laat me zien wat je graag met je ideale vrouw zou willen doen op je eerste date. Daar zie ik een uitdaging in. Of je moet zeggen dat je dit liever doet met een vrouw die ik uitkies, dat kan natuurlijk ook en dan zet ik mezelf nu compleet voor schut.

'Lieve Eva,

Wat een hilarisch misverstand om het woord *date*. Jij bedoelde de ontmoeting en ik dacht dat het om een persoon ging. Zoiets bedenk je niet! Ik lig ook helemaal krom van het lachen.

Wat we nu dus hebben is dat wij elkaar aanstaande zaterdag ontmoeten bij Zout en dat ik je mijn fantasie laat beleven over mijn ideale voorstelling van een eerste date en jij voert me op zondag mee naar jouw meest fantastische eerste date. Ik heb het maar even volledig uitgeschreven, voor het geval dat.

Ik kijk er erg naar uit en je zult versteld staan! 17.00 uur?

Liefs Han XXXX'.

'Lieve Han,

Zou toch wat zijn als je daadwerkelijk iemand anders voor me geregeld had! Maar nu ben ik toch wel nieuwsgierig: zou je dat echt gedaan hebben en zo ja, wie?

Hoe laat zullen we zaterdag afspreken? Is zondag om 12 uur goed? Ik heb wel alvast een tip: neem je stalen zenuwen mee...

Liefs, Eva.'

'Helaas lieverd, je zult het met mij moeten doen. Ik heb wel even met George Clooney voor je gebeld. Het gesprek verliep echter niet helemaal volgens plan. Ik legde hem de situatie uit.
    'It concerns Eva, she is a beautyful woman and I think you are the perfect date for her'.
    'What... Els,' zei hij.
    'No it is about Eva.'
    Vervolgens stilte en: Tuut, tuut, tuut.

Zaterdag 17.00 uur en zondag 12.00 uur? Deal? Is dat zondag in de buurt van Zandvoort?'

'Haha, had je George nou ook al niet goed begrepen? Zijn uitspraak 'What else' is inmiddels toch wereldberoemd.

Gelukkig maar, want ik ben, in tegenstelling tot een boel vrouwen, geen fan van hem. Hetzelfde geldt voor Brad Pitt. Maar dit houden we natuurlijk onder ons.

Ik vermoed dan ook dat George aanvoelde dat ik hem als één van de weinigen niet aanbid.

Zaterdag 17 uur is goed. Waar spreken we af? De date van zondag speelt zich af in het altijd gezellige Nieuwe Niedorp...

Liefs, Eva'

'Oké. In het restaurant. Ik zal een tafel reserveren.'

♂ Goed, nu zal ik echt aan de bak moeten. Min vier kilo inmiddels, wat gaat dat tergend langzaam! Het is niet anders, maar ik verwacht dat Eva er niet mee zit. Ze is wijs genoeg om te beseffen dat het daar niet om gaat in het leven, al is overgewicht natuurlijk niet gezond.

Meteen borrelen een paar ideeën op voor aanstaande zaterdag, die ook weer direct afvallen. Niets met paarden dus en een ballonvaart vanaf het strand met aanlandige wind graag, zal wel aan de heftige kant zijn. Mijn ideale eerste date speelt zich af in een romantische sfeer en veel praten, beetje lol trappen en attent zijn. *Smooth music* op de achtergrond, kaarslicht. Mooie verhalen heb ik nog in overvloed, dus dat komt wel goed.

Als ze akkoord gaat met 17.00 uur dan drinken we wat bij Zout met aansluitend diner (zo Zout hebben we het nog nooit gegeten). De zon gaat zaterdag om 21.00 onder, dus moet ik het zo uitkienen dat we om 20.30 klaar zijn met eten. Dan nodig ik haar uit voor een strandwandeling. Ik draag onze schoenen als we door het mulle zand banjeren. Even nakijken; het zal daar om 00.35 uur eb zijn, en het verval tussen hoog- en laagwater is 1 meter 76, dus verwacht ik daar een redelijk verre waterlijn rond dat tijdstip. We lopen de ondergaande zon tegemoet. Zal ik het durven om haar hand vast te houden? Dat hangt er van af hoe onze date zal verlopen, maar ook daar maak ik me geen zorgen over. Het wordt prachtig weer dus zullen we de zon adembenemend mooi in de see sien sakke. Als die volledig is gezakt zal ik haar proberen te kussen, zomaar op haar wang. Meer niet.

♀ Grappig hoe communicatie kan verlopen. Stel dat we er niet over gemaild hadden, wat dan? Had ik daar dan op zaterdag met een adonis gezeten van mijn eigen leeftijd? Of hadden we het geheel dan helemaal afgeblazen? En nog erger: dan had ik met een rotgang iemand voor zondag moeten regelen als mij dit op zaterdag duidelijk geworden was. Ik heb vrijwel geen vrijgezelle vriendinnen, ik had dan natuurlijk altijd één van mijn buurvrouwen zo gek kunnen krijgen. Het lijkt hier wel in de lucht te hangen, er wonen voornamelijk alleenstaande mensen in deze straat. En geen van hen lijkt enigszins behoefte te hebben aan een relatie.

Ik heb dat zelf ook niet en had mezelf gezworen me nooit meer in het leven der afspraakjes te werpen. Waarom ik nu dan wel toegeef is me een volslagen raadsel. Ik ben zo druk bezig geweest met deze vraag dat ik helemaal vergeten ben om zelf een date te organiseren. Met nog drie dagen tijd is dat al een uitdaging op zich.

Maar goed, ik moet dus een date regelen die ik als ideaal zou bestempelen. Gezien mijn totaal niet romantische aard vallen etentjes bij kaarslicht af. Als het aan mij ligt moet het iets volkomen onlogisch zijn. Sowieso een plek waar we iets te doen hebben. En het moet natuurlijk duidelijk maken wat voor persoon ik ben en wat ik belangrijk en mooi vind in het leven.

Wat niet iedereen van mij weet is dat ik een enorme binding met de natuur voel. Naast al mijn werkzaamheden ben ik een gediplomeerd kruidengeneeskundige. Maar om Han nou mee te nemen naar een kruidentuin en hem daar alles te vertellen over de heilzame werking is ook zo wat. Ik zal met iets beters aan moeten komen. Een boswandeling zie ik meer als ontspanning dan als een plek om te daten. Ook dat valt af...Ik heb het! Ik neem Han mee naar de roofvogelshow Kunst & Vliegwerk in Nieuwe Niedorp. Het toeval wil dat zij elke zondag een show geven waarin een aantal mensen uit het publiek vrijwilliger mogen zijn. De laatste keer dat ik daar was, werd ik uitgekozen en het was een onvergetelijke ervaring. Ik heb roofvogels altijd al fascinerende dieren gevonden en dan met name uilen. De mysterie die ze uitstralen, hun rust en het op zichzelf zijn. En nee, niet de wijsheid zoals veel mensen denken, want uilen zijn niet zo slim.

Tijdens de show mocht ik een uil heen en weer laten vliegen en voeren vanaf mijn hand terwijl de uil op mijn arm zat. Ik zal eens bellen om te vragen of het mogelijk is dat Han uitgekozen wordt. Als ik de situatie uitleg willen ze misschien wel meewerken. Dat zou fantastisch zijn!

Voor aanvang van de show neem ik hem dan mee de roofvogeltuin in. Ook een prachtige ervaring, omdat de vogels daar gewoon los zitten. Weliswaar aan een touwtje, maar niet met een compleet hekwerk om ze heen. En als toetje natuurlijk met één roofvogel op de foto. Ja, dat wordt het, dat zou mijn ideale date zijn.

♂ Nieuwe Niedorp? Het zal vast heel mooi zijn om daar te wonen, verder heb ik geen idee. Gelukkig hebben een paar klanten al één jaar vooruitbetaald, dus kan ik me wel iets veroorloven, maar het moet niet te gek worden. Het diner en de drankjes betaal ik en uiteraard ook het hotel. Misschien wil ze wel fiftyfifty, samsam. Dat stelde ik onlangs mijn zoon voor bij het afrekenen van dat etentje met zijn vriendin. Hij keek raar op toen ik hem zei dat ik dus een kwart zou betalen. Grapje.

Ik regel meteen een reservering bij Zout voor twee personen om half zeven en boek ook een hotelkamer. 'Tweepersoons graag,' antwoord ik de telefoniste. Niet dat ik verwacht dat het bed volledig zal worden gebruikt, maar je kunt nooit weten.

♀ Het is gelukt! De medewerkers van Kunst & Vliegwerk vonden het een leuk verhaal en willen meehelpen aan het organiseren van mijn date.

Nog twee dagen te gaan... Ik ben zeer benieuwd wat voor man Han in het echt is. Natuurlijk heb ik al een redelijk beeld door ons e-mailcontact en onze telefoontjes. Ik maak me dan ook totaal geen zorgen dat we niet kunnen praten. Het enige waar ik me wel zorgen over maak is wat er gebeurt als er maar bij één van ons twee een vonk overslaat.

Han is iemand met wie ik goed kan samenwerken en ik zou het vreselijk vinden als dat hierdoor verpest wordt. Nu kan ik zelf privé en zakelijk goed gescheiden houden. Alhoewel, wie houd ik nou eigenlijk voor de gek?
   Met zo'n beetje al mijn auteurs heb ik een vriendschap opgebouwd. Van de meeste van hen weet ik meer dan van bijvoorbeeld mijn eigen familie. En dat geldt vice versa net zo.
   Nee, ik ben eigenlijk helemaal niet zakelijk. Als ik recensieboeken aanvraag bij uitgevers heb ik vaak complete mailwisselingen over het leven en wat we meemaken en bestaat er één zinnetje uit de daadwerkelijke aanvraag.
   Toch zou ik niet anders willen. Ik ben nu eenmaal niet gehaaid en het is niet mijn doel om zoveel mogelijk geld te verdienen. Mijn

voornaamste doel is auteurs te helpen en te zorgen dat hun zakken niet worden leeg geklopt, maar ik moet wel in mijn eigen onderhoud kunnen voorzien.

Maar goed, ik dwaal af. Wat zal ik eigenlijk aantrekken?

♂ Om 16.00 uur ben ik al bij Zout. Ik wilde niet voor verrassingen komen te staan en aan te laat komen heb ik een broertje dood. Nu moet ik zien dat ik me ontspan. Ik voel het, een prachtige avond in het vooruitzicht, ben zekerder dan ooit.

♀ Met de nodige zenuwen breng ik nog een laatste laag mascara aan op mijn wimpers terwijl ik in mijn achteruitkijkspiegel kijk. Dit is het moment van de waarheid. Het enige dat mij nog van Han scheidt zijn een auto- en restaurantdeur. Geheel in stijl ben ik gehuld in een voor mij ongemakkelijk mantelpakje, witte blouse en rode punthakjes, zoals in zijn one-night-stand-verhaal. Mijn haar hangt los op mijn rug.

Vreselijke hakken. Ik kan er maar moeilijk mee uit de voeten. Ik haal nog eens diep adem.

De klinkers van het weggetje zitten inderdaad vol groeven, maar sporen van verbrand rubber ontbreken, vast weggespoeld. De afdaling stelt me voor problemen en ik raak uit balans op die toeters. Nog even en dan kukel ik voorover.

Om niet zigzaggend af te dalen trek ik mijn stiletto's uit. Dat lucht op en beneden trek ik ze weer aan. Mijn hart bonst in mijn keel, waar ben ik in godsnaam mee bezig? Ik maak me hier zo druk om, dat ik de drempel bij de ingang van het restaurant over het hoofd zie. Ik zwik en strompel. In pure paniek probeer ik iets vast te grijpen, maar het leed is al geschied. Ik val languit het restaurant binnen. Als ik opkijk, herken ik Han van zijn foto op zijn website. Hij heeft mijn arm vast en vraagt bezorgd of ik me heb bezeerd. 'Nee

185

hoor, niets aan de hand,' zeg ik stoer, om mijn eigenwaarde nog een beetje te redden.

'Wat dacht je? Ik maak maar meteen een entree à la Bridget?' zegt hij lachend. Inmiddels weet ik zeker dat ik niets heb gebroken en veeg gruis van mijn knieën. De opgeschrokken gasten hervatten hun gesprekken.

'Tja, ik dacht: laat ik maar meteen voor je vallen.'

♂ Jezus, wat een entree. Gelukkig is ze niet gewond. Alles doet het zo te zien nog en ik neem haar zo goed mogelijk in mij op. Ze is maar iets groter dan ik, terwijl ik dacht dat ze veel langer zou zijn. Prachtige ogen, dat wist ik al. Lang haar tot halverwege haar rug. Niet dik, niet dun. Stop! Nu doe ik mee aan de vleeshandel van de datingindustrie. Toch schat ik schielijk haar cupmaat in, sorry dat zit er nu eenmaal ingebakken. C/D; niets mis mee. Ik roep mezelf tot de orde en vraag wat ze wil drinken.

'Een virgin piña colada,' zegt ze, 'ben met de auto,' en ik wenk de ober.

♀ Hij heeft meer overgewicht dan gezond voor hem is, maar *what the hell*, mooie reebruine ogen en donkerblond haar afgewisseld met grijs, zeker meer dan vijftig tinten. Het staat hem goed. Charmant en voorkomend, mijn lengte zo ongeveer. Zijn lach is aanstekelijk, maar is dit hem nou?

Hij heeft in ieder geval niets te veel gezegd over dit paviljoen. Het is een mooie zaak met veel licht en een prachtig balkenplafond met speelse verlichting. Ik voel me op mijn gemak.

Als ik mijn bestelling heb doorgegeven zegt hij: 'Doe mij maar een Leffe Blond,' en we schieten beiden keihard in de lach. De spanning is er af en al snel zijn we verwikkeld in een geanimeerd gesprek. We praten alsof we elkaar van kinds af kennen, en voor ik het weet zijn we anderhalf uur en wat drankjes verder. De ober leidt ons naar de gereserveerde tafel aan het raam met mooi uitzicht over het strand.

Het eten is heerlijk, ik snap waarom hij voor deze plek heeft gekozen. Han is een Bourgondiër. Ik voel me ontspannen, praat zonder moeite en we hebben de grootste lol, maar om nou te spreken van een vonk? Nee, die voel ik nog niet echt.

♂ Het verloopt precies zoals ik had verwacht en ik kom nog meer over haar te weten. Ik vind haar sexy, maar is zij *the one*? Is zij het waard om er een goede zakelijke relatie voor in de waagschaal te stellen? Ze straalt mystiek uit, en dat bevalt mij. Maar is dat voldoende?

'Eva, even serieus. Je weet dat ik me nog geen drie jaar schrijver noem en dat ik mezelf uit een diep dal heb geschreven met mijn eerste boek. Feit is dat ik sindsdien moet schrijven om de dood voor te blijven. Als ik niet schrijf, voel ik me doodongelukkig en krijg ik depressieve gedachten. Onze wedstrijd heeft me dan ook heel goed gedaan. Mijn schrijfsnelheid ligt hoger dan die van jou en om de gaten te vullen heb ik een dagboek bijgehouden vanaf de eerste dag van onze verhalen.'

'Nee hè, hield jij een dagboek bij? Ik ook! Niet om dezelfde reden natuurlijk, maar puur uit gewoonte.'

Als door de bliksem getroffen zeggen we beide precies op het zelfde moment:

'Daar zit een boek in.'

De rest van het diner hebben we het daar enthousiast en uitvoerig over. Het is kwart over acht als de koffie wordt geserveerd en ik stel haar voor zo tegen half negen de zonsondergang te bekijken. 'Goed idee,' zegt ze.

Op het buitenterras vraag ik haar rode pumps, want dat zal anders niet lukken zo door het mulle zandstrand. Zelf trek ik ook mijn schoenen uit en neem alles in mijn linkerhand. De zon staat als een prachtige geeloranje bol aan de horizon. We genieten van het schouwspel en lopen naar de waterlijn. Geen woord. Dit is zo mooi!

♀ De zonsondergang is werkelijk prachtig en imponerend. Ik raak altijd ontroerd als ik de natuur op zijn mooist zie en mijmerend staar ik voor me uit. Ook Han is stil, hij geniet zichtbaar.

Als het laatste lichtpuntje is ondergedompeld vraagt hij of we een stukje langs het water zullen lopen. Ik knik en we praten weer honderduit, tot ik het flikkerende lichtschijnsel van een kampvuur zie. Vonken schieten in de lucht. Het ziet er gezellig uit.

Ik hoef hem alleen maar aan te kijken, hij snapt het meteen en we lopen er op af.

Als we nog maar een meter of tien verwijderd zijn van de groep jongeren die er zingend omheen staan, wordt door drie leadzangeressen een nieuwe lied ingezet: *Nobody's Wife* van Anouk, begeleid door gitaren. Het is alsof ik een klap in mijn gezicht krijg, een teken van boven, speciaal voor mij gespeeld.

Ik, een onafhankelijke vrouw, die haar vleugels moet kunnen uitslaan, anders word ik gillend gek. Als vanzelf worden we in de groep opgenomen en we krijgen drankjes uit blik. Het is een vrolijke studentenbende, alles voor in de twintig, prachtige jonge vrouwen en mannen. We lachen, dansen, zingen en ik voel me zo licht als een veertje. En daar is hij dan eindelijk: de vonk. Het raakt me als een mokerslag, smoorverliefd, vlinders overal, de kluts kwijt. Wat een geweldige avond, maar ik moet morgen ook nog fit zijn, dus stel ik voor dat ik met pijn in mijn hart afscheid neem. Han en ik wandelen terug naar Zout.

'Ik heb een heel fijne avond gehad,' fluistert Han in mijn oor.

'Ik ook,' zeg ik.

Bij Zout spoelen we onze voeten af en als personeel van Zout ons een handdoek brengt droogt Han liefdevol mijn voeten.

188

Het valt niet mee om rationeel te blijven in deze omstandigheden. Ik zit in dubio, zal ik blijven? Han, gentleman als hij is, dringt niet aan om naar het hotel te gaan en loopt mee naar mijn auto. Ik geef hem een kus op zijn wang en bedank hem voor de geweldige avond.

'Ik beloof je het adres voor morgen te sms'en.' Dan rijd ik weg en zie hem in mijn achteruitkijkspiegel de boulevard afdalen, om de handdoek terug te brengen. Na een kilometer of twee zet ik mijn auto aan de kant. Ik knijp met beide handen hard in mijn stuur. Ik word verscheurd door tweestrijd. Geef ik toe en zal ik omkeren? Ik doe het! Resoluut gooi ik het stuur om en rijd terug naar Zout. Daar staat hij op het terras tussen de studenten van het kampvuur. Ze hebben enorm veel plezier en Han zal wel verrast zijn dat ik er weer ben. Net voordat ik de lichtbundel van de terrasverlichting wil binnenstappen, hoor ik iets dat mij verschrikt een stap terug doet zetten en ik blijf als aan de zandbodem verankerd staan.

'Ik vind haar een hele leuke vrouw, pa'.

Daar staat hij, de man die vanavond mijn hart heeft gestolen. Woorden die zelfs in mijn ergste nachtmerrie niet zouden voorkomen. Ik probeer weg te rennen, maar het lukt niet. En dan dringen zijn woorden pas echt tot me door.

Help! Ik ben vanavond verliefd geworden op de zoon van Han.

♂ 'Wat zijn jullie een fantastisch stel bij elkaar. Werkelijk vlekkeloos, zoals jullie als afgesproken, op het juiste moment dat Anouk-nummer inzetten. Niemand is uit zijn rol gevallen en iedereen kan zo bij het toneel. Het pakte mooi uit. Drink wat je wil drinken, de drankjes zijn voor mijn rekening.'

♀ Ik hoor zijn korte toespraak. Ook dat nog. Han heeft het dus allemaal georganiseerd! Ik keerde terug om hem de waarheid te vertellen, dat hij werkelijk fantastisch is, maar ik geen romantische gevoelens voor hem koester. Dat hij meer de broer voor mij is die ik nooit had. Iemand met wie je kan lezen en schrijven, met wie je je diepste gevoelens kunt delen. En juist dat maakt het voor mij zo verdomd moeilijk, want nu blijk ik ook nog eens te zijn gevallen voor zijn zoon.

Ik kan hier niet zo blijven staan, alsof een hogere macht mijn ledematen in ijssculpturen veranderd heeft. Ik moet iets doen. Net als ik medelijden met mezelf begin te krijgen - hoe krijg ik het voor elkaar om wéér in een onmogelijk situatie terecht te komen? Dit verhaal had mij tijdens onze wedstrijd een dikke tien opgeleverd - ziet één van de studenten mij staan. Hij is duidelijk aangeschoten en heeft geen idee wat er speelt.

'Hé, je bent terug!'

Ik zie tot mijn ontsteltenis hoe het hele gezelschap zich omdraait en mij aankijkt. Ik durf hun blikken niet te beantwoorden, maar ik moet nu wel iets doen om niet als een volslagen idioot over te komen. Stamelend door deze schok antwoorden zou me niet bepaald sexy laten overkomen, daarom probeer ik mezelf rustig te maken en tot mijn verbazing antwoord ik met de kalmste stem ooit: 'Han, kan ik je even onder vier ogen spreken?'

Ik zie dat iedereen me verwachtingsvol aangaapt, dit gaat niet de goede kant op. Dan pas durf ik het aan om Han recht in de ogen te kijken. Ik zie hoop, maar ook dat hij aanvoelt dat dit op een teleurstelling kan uitlopen. Ik tover een glimlach rond mijn lippen, zodat niemand doorheeft wat hier gaande is. Eigenlijk zou ik hier een Oscar voor moeten krijgen. Han stemt in en we lopen samen naar de ingang van Zout.

Ik zoek naar woorden, terwijl gasten in- en uitlopen. Ze lachen, praten vrolijk met elkaar, precies zoals ik mij begin deze avond voelde. Dat maakt het er niet makkelijker op, vooral niet omdat een aantal van hen onze richting opkijkt. Er borrelt een vraag bij mij op.

'Waarom *Nobody's wife*?'

'Vanwege de dubbele bodem. Anouk zingt *I'll never gonna be nobody's wife*. Dus zal ze altijd iemands vrouw zijn.'

Ik kan het niet maken om Han, hier in het volle zicht, te vertellen over mijn gevoelens, daarom stel ik voor dat we het strand weer oplopen.

'Is goed,' zegt hij. Ik ruk die rotpumps van mijn voeten, loop met een stevig tempo door naar het water in de hoop dat dit element mij de kracht geeft die ik nu nodig heb.

Een minuut later zuigen mijn voeten zich vast in het natte zand. Nog steeds vermijd ik zijn blik, ik weet wat ik hiermee kapot kan maken en ineens overvalt me een verdrietig gevoel. Han, die mij deelgenoot heeft gemaakt van zijn ziel en zaligheid. Die mij oprecht en vol vreugde zijn verhalen stuurde. Een man die ervoor heeft gezorgd dat ik weer plezier kreeg in het schrijven. Zozeer dat ik verdorie zelfs gedrevener dan ooit mijn dagboek bijhield. Wanhopig vecht ik tegen de tranen die proberen zich een weg te banen naar mijn wangen, ze proeven zout.

Waarom is dit zo moeilijk? Waarom moet ik iemand om wie ik inmiddels ben gaan geven misschien pijn doen? Ik hoop tot in het diepste van mijn ziel dat Han geen gevoelens voor mij heeft. Ik wil hem geen pijn doen, wil zijn hart niet breken. Ik voel dan wel vlinders voor zijn zoon, maar wie zegt dat ik daar iets mee wil doen, om nog maar niet voor hem te spreken. Kon ik de tijd maar terugdraaien en een prachtige vriendschap aangaan met de man die stilzwijgend achter mij staat. Kon ik maar...

♂ Het is me duidelijk, ze heeft geen romantische gevoelens voor mij anders was ze me wel om de hals gevlogen. Ik voel een enorme verbondenheid met deze vrouw, die niets met seks heeft te maken. Ik voel me als Plato, die de platonische liefde bedacht.

♀ Ik voel zijn hand op mijn schouder. Het voelt warm en geruststellend, lijkt me uit te nodigen om de noodlottige woorden uit te spreken. Maar ik kan het niet, het lijkt alsof de woorden in mijn keel bevriezen.

Ik krijg flashbacks naar ons eerste contact, toen ik aan hem aangaf dat ik interesse had om zijn boeken uit te geven en hij mij in plaats daarvan een tegenvoorstel deed. Hoe hij ervoor gezorgd heeft dat mijn levenswerk een nieuwe weg insloeg met nog veel meer mogelijkheden. Maar vooral hoe hij ervoor zorgde dat ik nog meer geloof in mezelf kreeg. Hoe vaak heeft hij gezegd dat hij talent bij mij herkende, precies op de momenten dat ik dat nodig had, en dat zonder het te vragen? Zomaar vanuit het niets schreef hij dan iets in zijn mails en vergat ik al mijn zorgen en wist dat ik op de goede weg was. Kon ik hier maar eeuwig zo blijven staan, met zijn hand op een eigenlijk wel erg symbolische plaats. Maar ik kan het niet, het zou niet eerlijk zijn.

'Ik moet je iets vertellen...' begin ik. Han zegt niets en als ik omkijk, zie ik hem naar de zee staren.

En dan gooi ik alles eruit terwijl ik hem aankijk. Hoeveel hij voor me betekent, wat een heerlijke avond ik heb gehad en bovenal hoe ik onze band ervaar. Maar dat ik niet verliefd ben, geen vonk voelde, maar wel een verbondenheid op een andere manier. Dat ik hem niet kwijt wil als vriend en dat ik hem evengoed graag meeneem naar mijn georganiseerde afspraakje van morgen, omdat ik dat met niemand anders dan hem zou willen delen. Dat hij een plek in mijn hart veroverd heeft, alleen niet op de manier waarop wij hoopten. En dat ik het snap als hij dat niet meer wil, maar dat ik met heel mijn ziel en zaligheid hoop dat we alles wat we deelden voort kunnen zetten en ik hem als afsluiting mag laten zien wie ik ben, waar ik voor sta. En dat ik een bloedhekel heb aan mantelpakjes en pumps en me een karikatuur van mezelf voel.

Na mijn relaas staart hij nog steeds naar de zee en ineens kijkt hij mij aan. Ik wil wel terugkijken, maar de tranen winnen het gevecht.

Ik, die vrijwel nooit huil, laat staan in gezelschap, laat mijn tranen de vrije loop. Ik ben er zelf verbaasd over, maar laat het gaan en tot mijn schaamte maak ik zelfs een soort hikgeluid. Het zit diep, dieper dan ik dacht. Ik wil deze man niet verliezen, maar ik ben nog lang niet toe aan een relatie.

En ineens komt het besef. Het is weer net als toen: ik getrouwd en uiteindelijk verliefd op een andere jongere man, als vlucht, omdat ik mijn vrijheid terug wilde. Omdat ik het niet aankan om een relatie te hebben.

Ik ben ziek, heb een zoon op te voeden en run een bedrijf. Ik heb te veel meegemaakt om een man zomaar te vertrouwen, om hem mijn liefde te schenken.

Jonge mannen zijn daarom ideaal. Ze hebben geen hoge verwachtingen, zijn hoogstens bezig hoe je in bed te krijgen. Maar denken aan een toekomst samen, dat is het engste wat je tegen ze kan zeggen. Daarom voelde ik vlinders voor zijn zoon. Het is immers veilig terrein, ik weet allang dat het niets kan worden, daarom heb ik ook niets te verliezen.

Maar nu heb ik wel degelijk iets te verliezen. Geen man om een relatie mee te hebben, maar een band die verder gaat dan dat, dieper zelfs. Met Han is er voor mij geen sprake van romantische sferen. Nee, er is sprake van iemand die ik toelaat in mijn gevoelsleven, die ik zelfs dichtbij laat komen. En ik wil en kan dat niet verpesten door nu toe te geven en mee te rennen naar zijn hotelkamer. Het zou de betovering tussen ons alleen maar verbreken en ervoor zorgen dat ons contact daarna naar de knoppen gaat. Want dan hebben we seks en voel ik me de volgende ochtend een vogeltje in een kooi.

Daarom wil ik hem meenemen naar een roofvogelshow. Het besef raakt me diep. Jarenlang heb ik als een gekooide vogel geleefd en blijkbaar wilde ik hem onbewust wel heel erg goed duidelijk maken hoe ik in het leven sta. Meenemen naar een tuin waar vogels vrij rond mogen fladderen, waar ik zelfs een magische ervaring heb gehad door een uil vrij rond te laten vliegen. De uil stond dus onbewust voor mijzelf, daarom werd ik zo geraakt tijdens het vrijwilliger zijn. Ik ben deze uil, ik ben degene die vrij rond wil vliegen en op zichzelf wil staan. Ik ben als de dood om me te binden en ben liever een niet zo slimme vogel die dat maskeert met een mysterieuze uitstraling. Shit zeg.

♂ 'Ik begrijp het lieve Eva, maar ik zie dat het je verdriet doet. Dat wil ik niet op mijn geweten hebben. Een verbintenis tussen man en vrouw is gebaseerd op verliefdheid die gemiddeld zo'n zes weken duurt, om dan plaats te maken voor genegenheid en zorg, dat zijn de werkelijke bouwstenen. Ik ben een man en zoals gebruikelijk bij ons soort is alles seksgerelateerd. Het is door de natuur bepaald als een fundament voor de bouwstenen van verbondenheid in een relatie. Maak je geen zorgen, ik hou van jou zonder seks met je te willen hebben.'

♀ Terwijl hij dit zegt veegt hij met zijn duimen mijn tranen weg en voel ik me intens gelukkig.

De boeken van Han Peeters:

ISBN boek: 978-90-815887-9-9 € 15,95.
ISBN e-boek: 978-94-91361-21-0 € 4,99.

ISBN boek: 978-90-815887-4-4 € 14,95.
ISBN e-boek: 978-90-815887-0-6 € 4,99.

ISBN boek: 978-90-815887-5-1 € 18,95.

ISBN e-boek: 978-90-815887-6-8 € 4,99.

ISBN boek: 978-90-81588-7-7-5 € 12,95.

ISBN e-boek: 978-90-81588-7-8-2 € 4,99.

197